DON BOSCO
VERLAG

HERMANN GSCHWENDTNER

Kinder spielen mit Orff-Instrumenten

Anleitung – Themen – Modelle

DON BOSCO VERLAG

Die Deutsche Bibliothek – CIP-Einheitsaufnahme

Gschwendtner, Hermann:
Kinder spielen mit Orff-Instrumenten: Anleitungen - Themen - Modelle/
Hermann Gschwendtner
– 7. Aufl. – München: Don Bosco-Verl., 1995
ISBN 3-7698-0276-4

In Bayern zum Gebrauch an Fachakademien für Sozialpädagogik
im Fach Musikerziehung zugelassen.

In Niedersachsen für den Gebrauch in den berufsbildenden Schulen
(Soz.-päd. Fachschulen) genehmigt.

Für den Gebrauch in der Berliner Schule zugelassen.

7. Auflage 1995 / ISBN 3-7698-0276-4

Umschlag nach einem Foto von Karl Alliger, Lochham
Notengrafik LoRo Seyffer, Ostfildern-Nellingen
Gesamtherstellung: Salesianer Druck, Ensdorf

Gedruckt auf chlorarm gebleichten, umweltfreundlichem Papier.

Inhalt

Einführung

Dem musikalischen Spielen und Gestalten mit Kindern sind – je nach Begabung, Erfahrung und Phantasie – keine Grenzen gesetzt. Das gilt sowohl vom Material her (Instrumente, Geräte) wie auch von den Inhalten und Spielvorlagen (Geschichten, Märchen, Bilderbuchtexte, Gedichte, Kinderreime, eigene Texte).
Dennoch hat diese Publikation eine bewußte Lokalisierung in den Ausdrucksmitteln (Materialien) erfahren, um so den spielgerechten Umgang mit Musikinstrumenten, mit dem *Orff-Instrumentarium,* intensiv zeigen zu können.
Carl Orffs „Schulwerk" hat auf der ganzen Welt begeisterte Aufnahme gefunden. Kaum ein Kindergarten, kaum eine Schule mehr, in der nicht „Orff-Instrumente" vorhanden sind. Leider wird aber oft nur für einen bestimmten Festanlaß damit „gearbeitet".
In Fortbildungsveranstaltungen dieses Erziehungsbereiches ist immer wieder zu registrieren, daß die Erzieher wenig oder gar kein Rüstzeug für ihre musikpädagogische Aufgabe, für irgendwelches musikalische Tun überhaupt, zur Verfügung haben. Vorhandenes Instrumentarium liegt oft ungenützt oder wird zum sinnlosen „Tingel-Tangel" gebraucht.
„Elementare Musik" – so formuliert Carl Orff selbst – „ist nie Musik allein, sie ist mit Bewegung, Tanz und Sprache verbunden, sie ist eine Musik, die man selbst *tun* muß . . ., für jeden erlern- und erlebbar, dem Kinde gemäß."

Genau im Sinne dieser musisch-pädagogischen Idee versteht sich das vorliegende Buch.

– Es stellt in seinem ersten Teil die einzelnen *Elementarinstrumente* vor, zeigt, wie sie gespielt werden und wie sie als musikpädagogische Komponente zum musikalischen Spiel sinnvoll genützt werden können. Sinnvoll: in der Anwendung und in der Behandlung; für die musische Entfaltung der Kinder von etwa vier bis zehn Jahren; für eine gesteigerte Aufnahmewilligkeit in den Lernbereichen der Elementaren Musikerziehung.

– Die im Hauptteil vorgestellten ausgeführten *Modelle* sind alle mit Kindern und Erziehern praxiserprobt. Hier sind die verschiedensten kindertümlichen Texte (Gedichte, kleine Erzählungen, Bilderbuchgeschichten) als einfache musikalische Spiele beispielhaft gestaltet. Sie wollen keine Endlösung zum jeweiligen Thema darstellen, sondern Impulse geben, Anstöße vermitteln. Diese fertigen Spiele können ohne Schwierigkeiten (und sollten!) der jeweiligen Situation angepaßt, d. h. den besonderen Umständen entsprechend geändert, verändert, ergänzt oder vereinfacht werden. Das im Stoff gegebene Lernziel darf dabei natürlich nicht verlorengehen.

– Ein dritter Teil bringt – alphabetisch nach Stichworten geordnet – eine Fülle von musikalischem Spielmaterial: *Bausteine* für erwünschte Anpassungen oder Veränderungen der Modelle, vor allem aber für alle erdenklichen neu zu erarbeitenden Themen und Situationen. Diese *„Motiv-Musiken"* bieten also die einzelnen Materialien, mit deren Hilfe jeder gewünschte Text mit ein wenig Phantasie zu einer hübschen musikalischen Spielszene ausgebaut werden kann.

Ziel des Buches ist es, mit Kindern zu einem freien, ungehemmten musikalischen Spiel – ohne Drill! – zu kommen. Dazu macht es Mut und dafür stellt es dem Erzieher das nötige Rüstzeug bereit: zu einer wirklich spielerischen, pädagogisch stimmigen, Freude machenden Elementaren Musikerziehung.

Das Instrumentarium

Es sind nur die Instrumente und nur solche Spieltechniken aufgeführt, deren Einsatz im angesprochenen Blickfeld problemlos ist.

B/HB	Becken	
Bo	Bongos	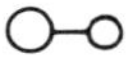
BR	Blockrassel	
C	Cymbeln	
FC	Fingercymbeln	
GK	Glockenkranz	
Gl	Glockenspiel	
GT	Große Trommel	
HRT	Holzröhrentrommel	
HT	Holzblocktrommel	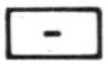
KR	Kugelrassel	
M	Metallophon	
Pk	Pauken	
RR	Rohrrassel	
RST	Rahmenschellentrommel	
RT	Rahmentrommel	
S	Schlagstäbe	
SB	Schellenband	
SK	Schellenkranz	
SR	Schellenrassel	
T	Triangel	
Xy	Xylophon	

Triangel

T 

Einsatzmöglichkeiten:
Lichterglanz – Sternenflimmer – Schneeflocken – Märchenzauber – glänzend – zart – schwebend – Dreieck

Ein Haltegriff verhindert das sonst so lästige Baumeln dieses Instruments und erlaubt kindgerechtes Spielen.
Mit dem Metallstab (Triangelstab) – an der Griffseite befindet sich ein Gummiüberzug – das *freischwingende* Triangulum möglichst *zart* anschlagen.

Anschlagstellen: Dreiecksgrundlinie (innen) – oberes Schenkelteil der offenen Seite (außen).

Sein glockenhaft silbriger Ton hat eine unüberhörbare Klangeigenschaft, die sich besonders für schwebende, gleitende oder schreitende Bewegungsvorgänge empfiehlt. Jedoch ist sparsame Verwendung ratsam.

Effekte:
1. mit Stricknadeln, Holzstab oder Griffseite
2. *Streifschlag:* Stab auflegen und an einer Schenkelseite schnell oder langsam entlangstreifen
3. *Wassertriangel:* das Instrument nach dem Anschlagen sofort in Wasser tauchen (= weinen, seufzen)
4. im Dreieck schleifend rotieren
5. *Schwebeklang:* das Instrument nach dem Anschlagen pendelmäßig schwingen
6. *Stoppklang:* hierzu das Dreieck nicht am Haltegriff, sondern – auch während des Spiels – fest mit der Hand fassen (= schmiedehämmern)

Klangersatz: Fingercymbeln, Glockenspiel.

Hängendes Becken

B/HB 

Einsatzmöglichkeiten:
Signale – Wasser – Sonne – Mond – Feuer – rund – feierlich – schweben – zart – glänzen – rieseln
Neben der Größe des Instrumentes hat das Schlägelmaterial wesentlichen Einfluß auf die

Klangeigenschaften:

Weichfilz	=	klangvoll, dunkel bis hell
Hartfilz	=	glänzend, tief bis hoch
Holz	=	hell bis hart
Metall	=	metallisch bis schrill

Sofern das Beckenspiel nicht im Bewegungsvorgang eines Einzelspielers integriert ist, sollte dieses Instrument zur spieltechnischen Erleichterung von *zwei Spielern* bedient werden: halten – spielen.
Bei der *Einzelaktion* ist oft die Gefahr gegeben, daß – besonders von den kleinen Spielern – das Becken zu hoch und auch zu starr gehalten wird und somit einen störenden Kontakt mit dem Schlägelstiel herbeiführt. Schwingende, ganzheitliche Körperlockerheit!

Anschlagsnuancen:

a) *schwingen* des Beckens nach dem Anschlagen (= hörbar werden Schallwellen verstärkt)
b) *kreisen* mit einem Holz- oder Metallstab – entlang der Beckenkante
c) schnelles *Streifen* mit Metallstab – vom Zentrum zum Rand
d) mit *einem Metallbesen* gerieben oder mit *zweien* tremoliert (= schnelles Wechselspiel beider Schlägel), lassen sich beruhigende bis schwirrende Klänge erzielen
e) eine zartgliedrige *Kette* oder eine *Stricknadel,* auf das vibrierende Becken gehalten, assoziieren rieselndes Wasser bis Regen
f) Beckenteller mit der Innen- oder Außenseite auf den Boden fallen lassen
g) *Secco-Schläge* (hart, kurz und trocken) erhält man durch schnelles Stoppen bzw. festes Greifen an den Beckenrand oder durch Pressen des Instrumentes an den Körper bzw. auf die Knie (sitzend)
h) *Beckenwirbel* (𝄐≡) = die Metallscheibe mit beiden Händen in zügigem, gleichmäßigem Rhythmus bespielen (Ausführung mit Schlägel oft noch zu schwierig!).

Cymbeln

C ⊣⊢

Einsatzmöglichkeiten:
Signale – Jahrmarkt – Höhepunkte – klirren – scheppern – metallisch – peitschend

Zur *paarweisen* Benützung die Halteriemen fest mit Daumen und Zeigefinger fassen.

Schlagfunktion:
Die Innenflächen in Gegenbewegung *leicht* aneinander vorbeistreifen.

Spielvarianten:

a) *Secco-Schlag* = beide Metallteller nach der Schlagaktion *sofort* kräftig an den Körper pressen (= sitzend/Knie – stehend/Oberkörper)
b) für *leise Dynamik* (z. B. piano) am oberen Rand die Kanten leicht kontakten
c) einem *Zischeffekt* ähnelt das schnelle Streifen mit der Kante über die Innenfläche des zweiten Cymbels
d) *peitschen*ähnliche Charakteristik: beide Teller kräftig zusammenpatschen
e) beide Innenflächen gegeneinander *rotieren* = rasselnde Klänge
f) die horizontal gehaltenen Cymbeln in Senkrechtrichtung leise gegeneinanderstoßen

Fingercymbeln

FC ⫩

Einsatzmöglichkeiten:
Schneeflocken – Weihnachten – Glitzerbaum – Spieluhr – Exotik

Die „Tanz-Cinellen" können in dieser Altersstufe nur *paarweise* oder *einzeln* gehandhabt werden.

a) In der Einzelanwendung werden sie mit einem Metallstab *zart* angetippt
b) im paarweisen Einsatz (mit Daumen und Zeigefinger halten) beide Kanten *leicht* und *duftig* aneinanderschlagen; horizontal oder senkrecht

Klangersatz: Triangel – Glockenspiel

Schlagstäbe

S / \

Einsatzmöglichkeiten:
lustig und munter – heiter und grotesk – scharf und trocken – der Specht auf dem Baume – die knorrigen Finger oder die lange Nase der Hexe
Jeden Stab sehr locker *nur* mit Daumen und Zeigefinger in der Mitte fassen und leicht aufeinanderschlagen = sonorer Klang mit Hell-Dunkel-Färbung. Ein bevorzugtes Rhythmusinstrument.

Effekte:

1. *Puffer-Schlag:* beide Stäbe in ihrer ganzen Länge gegeneinanderschlagen
2. an den Enden gefaßt, Spiel auf dem Fußboden, Spieltisch oder Stuhl
3. *Tremolo:* beide Stabenden abwechselnd schnell gegeneinanderschlagen
4. *rubbeln:* schnelle Reibbewegungen = entweder mit beiden Stäben gleichzeitig oder mit einem aufgelegten Stab

Holzblocktrommel
Holzröhrentrommel

HT/HRT 

Einsatzmöglichkeiten:
kurz – schnell – hart – scharf – Viereck – Specht – Kuckuck – Pferd – Exotik

Den Block entweder freischwingend mit der Hand halten oder auf die flache Hand geben bzw. auf eine weiche Unterlage legen.
Neben dem *speziellen* Schlägel kommen auch Materialien wie *Gummi, Hartfilz, Triangelstab* oder die *Schlagstäbe* in Betracht.
Der ergiebigste *Anschlagfleck* ist über dem Klangschlitz und unschwer zu finden bzw. zu hören.
Dezenter Einsatz vergrößert die Wirkung dieses ansonsten aufdringlichen Instruments.

Spielweisen:

a) reiben der Oberfläche
b) tremolieren (mit Stricknadel) im Klangschlitz
c) trommeln mit den Zeigefingern (oder auch mehreren Fingern)
d) die Finger selbst mit Fingerhüten präparieren

Modelle mit 2 *Klangschlitzen* ergeben entsprechend verschiedene Klangfarben wie auch die

HOLZRÖHRENTROMMEL:
Die HRT am klangarmen Verbindungssteg greifen.
Ein *Tremolo* kann in der Röhre selbst realisiert werden.

Kugelrassel

KR 

Einsatzmöglichkeiten:
Kasperl Larifari – Sandmännchen – Jahrmarkt – lustig – erregt – nervös – rasselnd – geheimnisvoll

Ein vielseitiges Instrument bei richtiger und situationsgerechter Anwendung:

1. Die Stimulation einer *Marktszene* oder den *lustigen Tanz* eines *Eisbären* erzielt man durch *heftiges Schütteln* einer oder zweier Rasseln.

2. *Lustiger Spinnentanz* – das geheimnisvolle Ticken eines *Mäuseherzen* verlangt rhythmische bzw. exakte Spielweise: a) mit der freien Hand auf die Hülle einer horizontal gehaltenen Rassel stupsen; b) die Kugel nach unten hängen lassen und auf das Stielende stupsen.
3. Der *Sandmann* kommt: den Inhalt der vertikal hängenden Kugel (= Rollkörper) leicht und gleichmäßig kreisen lassen.
4. *Bärentanz:* mit beiden Rasseln entweder rhythmische Schrittbegleitung oder ein Rhythmusmotiv (s. Beispiel) auf das Fell der „Großen Trommel" geben:

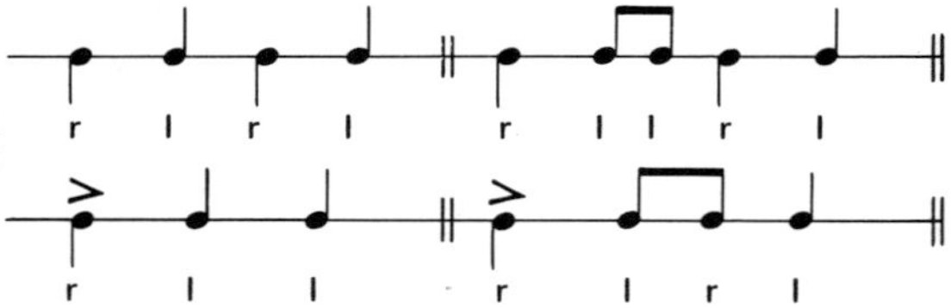

Rohrrassel

RR 

Einsatzmöglichkeiten:
Sanduhr – Eisenbahn – zittern

Als Rasselinstrument wenig ergiebig.

Impressionen:
1. *Sanduhr* = Instrument *langsam* von Waagrecht- in Senkrechtstellung bringen (= Inhalt läuft ab)
2. *Eisenbahn* = in gewinkelter Armstellung das Instrument mit beiden Händen fassen und straff im Rhythmus (s. Beispiel) *vor-* und *rückwärts*stoßen

Blockrassel

BR 

Einsatzmöglichkeiten:
Eisenbahnfahrt – raschelnde Zweige – gehen oder laufen auf Kies

1. *Eisenbahn:* Metallfurnierung als Unterseite – und entsprechend rhythmische Aktionen
2. *Zweigrascheln:* Holzseite nach unten – Schüttelaktionen
3. *Kies:* Metallfurnierung oder die Zargenwand als Unterseite

Schellenkranz

SK 

Einsatzmöglichkeiten:
Narrentanz – heitere Schlittenfahrt – Butzemann – Zottelbär – Brillenschlange

1. Ein assoziierendes *Schüttelinstrument,* das aber durchaus rhythmisch-musikalisch eingesetzt werden kann.
2. Den zu spielenden Rhythmus nicht auf das Instrument selbst, sondern auf *die den Kranz* haltende Hand geben.

Schellenrassel

SR 

Einsatzmöglichkeiten:
Tanzbär – Schlittenfahrt – Jahrmarkt – Klapperschlange – Blätterrascheln

1. Ähnliche Spielbreite wie die KUGELRASSEL = *impressionistisch* bis *rhythmisch exakt.*
2. Als SCHÜTTELINSTRUMENT sehr lärmend! Zweckdienlicher ist ihr Einsatz als RHYTHMUSTRÄGER: hierzu die Rassel waagrecht halten und leicht auf die *Rahmenseite* tippen.
3. *zwirbeln:* schnelles Drehen am Stiel (= raschelnde Blätter)

Schellenband

SB 

Einsatzmöglichkeiten:
Tanzbär – Clown – Eselstanz – Jahrmarkt – Schlittenfahrt – lustige Katzen

Die Schellenbänder dienen zweckmäßig tänzerischen Funktionen:

1. Über *Hand-* und *Fußgelenke* gestreift (bei Gummiband) oder mit Riemchen verschnürt, sollen sie die *Stampf-* und *Klatschaktionen* des Tänzers kolorieren.
2. Bei *rhythmisch-exakter* Verwendung empfiehlt sich die Spielweise nach SK-2.

Glockenkranz

GK 

Einsatzmöglichkeiten:
Glockenblumen – schwebende Fee – Einäuglein, Zweiäuglein, Dreiäuglein

Sein Klang kann ebenso lieblich wie störend empfunden werden, da die Glöckchen selbst melodisch klingen, sich also nicht jedem Klangraum (auch Tonraum) anpassen.
Ein Ausweichen auf den neutralen Triangelton ist sehr zu empfehlen.

Spielweise:
1. Schüttelstoß = alle Glöckchen klingen zusammen
2. einzelne Glöckchen mit einem Triangelstab vorsichtig antippen

FELL-INSTRUMENTE

Große Trommel

GT 

Einsatzmöglichkeiten:
Bär – Elefant – Signale – Regen – Donner – dunkel – unheimlich – plump – schwer – dumpf – schleichen – tappen

Ein unentbehrliches Instrument für alle Spielsituationen.

Einfachste Spielweise:

a) *Normalschlag:* den Schlägel vom Fell schwingend abheben (Membrane schwingt)
b) *Stopp-Schlag:* nach dem Anschlagen den Schlägel leicht gegen das Fell drücken (Fellschwingungen werden gestoppt)

Klangvarianten:

c) diverses Schlägelmaterial
d) mit Fingern oder Händen rhythmisch *schaben* bzw. *trommeln*
e) mit *Kugelrasseln* rhythmisch bespielen
f) Instrument waagrecht stellen und zum Spiel Kette auf das Fell legen
g) *Schlagfell* mit Filzkopf – *Resonanzfell* mit Schlägelstiel bespielen
h) *Schlagfell* mit Filzkopf – mit dem Schlägelstiel auf die *Zarge* (= Korpus) klopfen
i) *Wischflächen:*
   mit Fingernägeln
   mit Schlägelstiel
   mit Besen
   mit Händen
   leicht und ohne rhythmische Akzente über das Fell kreisend wischen

Pauken

Pk 

Einsatzmöglichkeiten:
Breitflächiger Klangcharakter, der sich allen Situationen adaptiert

Die Pauke ist ein Fellinstrument mit bestimmbarer Tonhöhe. Ihr elementarer Einsatz im Spielkreis geschieht gewöhnlich paarweise; eingestimmt auf die beiden Funktionsstufen I und V = Tonika/Dominante. Für den angesprochenen Erziehungsbereich empfiehlt sich jedoch eine „Zweckentfremdung" dieser Spielnorm, da die Handhabung des Stimmvorgangs manuell wie auch gehörmäßig hier noch nicht befriedigend bzw. richtig gelöst werden kann.
Problemlos dagegen läßt sich das Instrument für charakteristische Lautmalerei nützen. Eine weitere Spielvereinfachung bietet darüber hinaus die Verwendung der sogenannten *„Drehpauke".* Ihr zentraler Stimmechanismus – der Tonwechsel, das Umstimmen wird einfach durch Drehen des Zylinders vollzogen – erlaubt den „Kleinsten" und auch den „Ungeschicktesten" eine „spielend" leichte Bedienung.

Schlägel: weich bis hart; Schlägelstiel; Besen; Hand; Kugelrassel

Spielweisen: analog der Großen Trommel

Rahmentrommel
Rahmenschellentrommel

RT/RST 

Einsatzmöglichkeiten:
Regen – Wind – Mäuseball – Signale – Kreis gehen – laufen – rascheln – hüpfen

Beide Trommeln werden – fälschlicherweise – meist als Tambourin oder Tambourintrommel bezeichnet.

Rahmentrommel: die Einfelltrommel mit flachem Rahmen

Rahmenschellentrommel: Im Rahmen sind zusätzlich Schellenplättchen befestigt.
Beide Instrumente können sowohl mit der Hand wie auch mit Schlägeln bespielt werden. In der Altersklasse des Vorschulbereichs ist das Halten dieser Trommeln (möglichst kleine Instrumente) sehr wesentlich.

Eigentlich können nur *drei Spielpositionen* empfohlen werden:

1. Elementarhaltung:
   den Rahmen *leicht* und *locker* mit einer Hand halten (dabei die Oberarme leicht vom Körper lüften!) –
   das Fell entweder mit *Daumen* (= Daumenschlag) oder mit den übrigen, fächerförmig gestreckten *Fingern* (= Fingerschlag) der Schlaghand in *Randnähe* federnd anschlagen;
2. Puppen- oder Gitarrenhaltung:
   das Instrument „wie eine Puppe" oder „wie eine Gitarre" im Arm halten und das Fell wie unter 1. bespielen;
3. Knielage:
   die Trommel in *Sitzposition* auf die Knie (oder auch weiche Unterlage) legen und mit beiden Händen bearbeiten.

Anschlagsmaterial:
Fingerkuppen – Fingerknöchel – Fingerspiel einzelner Finger abwechselnd (= Fingertremolo) – volle Handfläche – Handballen – Filzschlägel – Holzschlägel – Besen

Anschlagsflächen:
Eine optimale Fellresonanz ergeben die *Randzonen,* klangarm dagegen ist das Zentrum des Felles. Insgesamt jedoch bietet sich ein breites Klangspektrum.

Effekte:

a) *Fingerglissando:* mit einem angefeuchteten Finger quer über das Fell reiben
b) den breit *gefächerten Besen* auf die Membrane halten und mit einem Schlägel trommeln
c) *Wischflächen* wie unter „Große Trommel"
d) *Fingertremolo:* mit den Fingern schnell auf das Fell prasseln
e) *Klangverstärkung* durch Auflegen auf das Fell der GT (Rahmen nach unten)
f) mit dem Fell die Membrane einer GT reiben
g) *Rollflächen:* einen Rollkörper (= Ball/Murmel) in die Trommel geben und schwungvoll rotieren lassen

Rahmenschellentrommel

RST 

Alle Aktionen der „Rahmentrommel“ erfahren, mit der *Rahmenschellentrommel* ausgeführt, eine sekundäre Begleitfarbe durch die Metallplättchen. Dabei beeinflußt die Lage des Instruments wesentlich die Resonanz der Schellen:
Bei *horizontal* gehaltener Trommel tönen die Schellen direkter als in Senkrechtstellung.
Noch präziser wahrnehmbar sind die Schellenplättchen, wenn der *Rahmen nach oben* zeigt und somit als Aufschlagfläche dient.
In *vertikaler* Richtung geben sie ein mehr oder weniger *rasselndes* Kolorit.

Bongos

BO 

Einsatzmöglichkeiten:
Signale – Tanz – gehen – laufen – hüpfen – hart – scharf – prägnant

Dieses *Einfelltrommelpaar* zeichnet sich durch eine dominierende Klangeleganz aus.
Auf einem Stativ befestigt, sind die beiden Trommeln auch für die Kleinen erreichbar und leicht zu spielen: mit *Fingern* oder *Händen.*

Es können alle *Spielweisen* der übrigen Fellinstrumente Anwendung finden.

Zudem sind die Bongos im Vorschulbereich ein zweckmäßiger und sinnvoller Ersatz für *Kleine Trommel* und *Doppelfell-Handtrommel.*

Xylophone

SX = Sopran-,
AX = Alt-,
BX = Baß-Xylophon

Einsatzmöglichkeiten:
Grundsätzlich sind alle STABSPIELE (Xylophon – Glockenspiel – Metallophon) mit ihrer eigentlichen Funktion, nämlich als Melodieinstrument, im *Vorschulbereich* schwierig zu behandeln! Ihr Akzent sollte daher eher kolorierend gelagert sein, d. h. als *Klangband* (= Backgroundmusic), als *ostinates Begleitinstrument* oder als *Klangkomponente* einer Klangimprovisation.
Den *Kern* der *Stabspiele* bilden die *Xylophone.* Ihnen fallen die beweglichen Aktionen zu, die musikalisch dargestellt werden sollen.
Den *klanglichen Mittelpunkt* dieser Gruppe stellen die *Altxylophone.* Eine Oktave höher bzw. tiefer werden das *Sopran-* und das *Baß-Xylophon* registriert.
Der *Charakter* des Xylophons adaptiert sich sowohl lustig wie traurig, hell wie dunkel, spröde wie emotional.

Spielweisen:
a) *normale Anschlagtechnik:* den jeweiligen Stab mit dem Schlägel leicht und kurz antippen (Vorstellungshilfe: heiße Herdplatte) und federnd zurückschwingen
b) *Stoppschlag:* Schlägelkopf nach dem Aufschlagen auf dem Stab liegen lassen
c) Aktionen wie a) und b); jedoch mit Fingern
d) *Glissando:* seitwärts in beiden Richtungen einzeln oder mit zwei Schlägeln über die Stabreihe gleiten; langsam oder schnell ↗ aufwärts, ↙ abwärts
e) *Wisch-Glissando:* mit einem Schlägel (Kopf oder Stiel) innerhalb eines begrenzten Stabbereiches schnell oder langsam hin und her wischen
f) *Cluster:* Tontrauben, die durch gleichzeitiges Anschlagen mehrerer Stäbe mittels quergehaltenem Stab gewonnen werden
g) Klangdifferenzierung durch verschiedenes Schlägelmaterial = Holz – Gummi – Bleistift – Besen – Weichfilz – Fingerhüte – Stricknadel
h) *Reibklänge:* mit einem flexiblen Kamm am Stabende entlangfahren (in Gruppen); besonders geeignet für Glockenspiel und Metallophon
i) *Wischklänge:* 1. mit Finger / Händen – 2. mit Schlägelstiel langsam oder schnell über viele oder wenige Stäbe wischen (in Gruppen)
j) *Fingertremolo:* mit Fingern schnell auf dem Stab getrommelt (Ausführung mit Schlägel, auch mit Gabelgriff, oft zu schwierig!)
k) eine zartgliedrige *Kette* über die Stabreihe ziehen
l) eine *Murmel* über die Stabreihe rollen
m) *Peitsche:* zwei Stäbe gegeneinanderschlagen

Glockenspiele

SG = Sopran-,
AG = Alt-Glockenspiel 

Einsatzmöglichkeiten:
Sonne – Blumen – hell – glitzernd – duftend – schrill

Das *Glockenspiel* sollte nur sparsam (z. B. für aufhellende Klangakzente) verwendet werden. Sein überheller, fast schriller Ton kann eher verzerren als verschönern.

Neben der identischen *Spielweise* des *Xylophons* sei auf die speziell zu erzielenden Impressionen hingewiesen: *huschen–fliegen; lebhaftes Wasser; glitzernde Sonne; lustiger Vogel* usw.

Metallophone

SM = Sopran-,
AM = Alt-,
BM = Baß-Metallophon 

Einsatzmöglichkeiten:
Das tragende (Klang-)Fundament der Stabspiele. Ihr weicher und sonorer Sound vermittelt *Ruhe, Wohlbehagen* und *Vertrautheit.* Entsprechender emotionaler Einsatz bei identischer Spielweise des Xylophons.

Spiele

KOMMT EIN KLEINES MÄUSCHEN

Instrumente: Rahmentrommel — Xylophon — Hängendes Becken mit Filzschlägel
(chorisch besetzt)

Kommt ein kleines Mäuschen,
A1 . . . . . . Fingertremolo auf RT
will rasch in sein Häuschen;
A2 . . . . . . Glissando ↗ auf XYLOPHON
kommt 'ne Katz,
macht 'nen Satz,
A3 . . . . . . Schlag mit Filzschlägel auf B
weg ist unser Mausematz.
A4 . . . . . . mit der flachen Hand = Schlag auf RT

Spielanmerkung:

a) Textzeilen rollenmäßig auf vier Kinder verteilen.
b) Zwischen *Textzeile* und *Aktion* besteht kein metrischer Zusammenhang; d. h. *freies* Sprechen und *freies* Spielen.

Worte: Karl Foltz, aus: Karl Foltz, „Hörst Du nicht den feinen Ton?“, Möseler Verlag, Wolfenbüttel und Zürich.

WIR SIND DIE FRÖSCHLEIN IN DEM TEICH

Instrumente: Hängendes Becken — Xylophon — Glockenspiel — Metallophon
(alles chorisch besetzt)
Sprechchor

A1 ...
Wir sind die Fröschlein in dem Teich,
hüpfen an das Ufer gleich;

... Wassermusik auf BECKEN bis Textende (= B/d—e—h)

A2 ...

... rasche (springend/hüpfend) Einzeltöne auf XYLOPHON

A3 ... quack, quack, quack,
so geht es los,
unsere Kunst –

... von allen Kindern sehr breit gesprochen

A4 ...
ist riesengroß!

... Cluster auf GLOCKENSPIEL und METALLO-PHON

A5 ...

... Crescendo (dynamische Steigerung) auf BECKEN (Wirbel B/h) = Abschlag! – Ende.

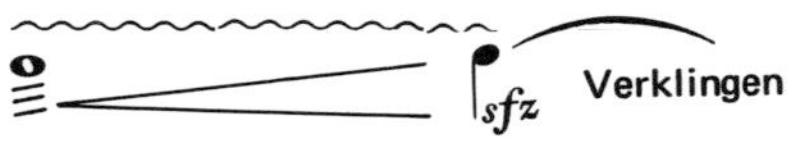

Spielanmerkung:

a) Der Spielleiter kann hier die Rolle des Erzählers übernehmen.
b) Die geteilte Kindergruppe agiert auf den Instrumenten:
   Gruppe 1: Hängendes Becken,
   Gruppe 2: Xylophon,
   Gruppe 3: Glockenspiel und Metallophon.
c) Textzeilen und Aktionen sollen sich zügig ablösen.

Text: Überlieferung.

GEMÜSEBALL

Lernziel: Rhythmisches Sprechen – Erfahren von metrischen Schwerpunkten
ohne Instrumente = *Klatschen / Stampfen*
mit Instrumenten = *Hängendes Becken / Große Trommel*

Sprechchor:

Gestern abend auf dem Ball
tanzte Herr von Zwiebel
mit der Frau von Petersil.
Ach, das war nicht übel.

Die Prinzessin Sellerie
tanzte fein und schicklich
mit dem Prinzen Rosenkohl.
Ach, was war sie glücklich!

Der Baron von Kopfsalat
tanzte leicht und herzlich
mit der Frau von Sauerkraut;
doch die blickte schmerzlich.

Ritter Kürbis, groß und schwer,
trat oft auf die Zehen.
Doch die Gräfin Paprika
ließ ihn einfach stehen.

Sprechrhythmus + Klangaktionen:

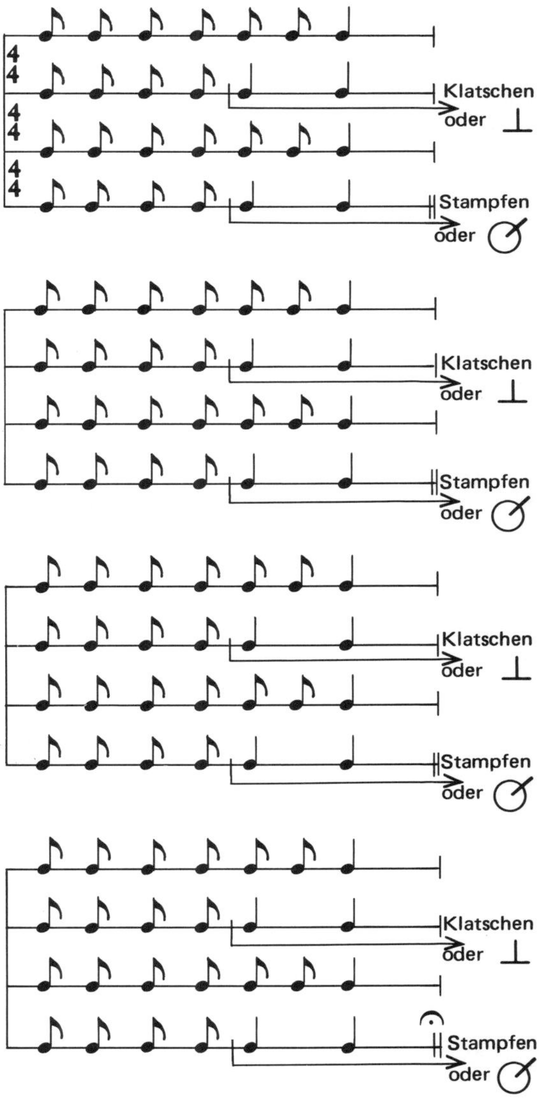

Spielanmerkung:

a) „Ohne" Instrumente können die Klangaktionen (= Klatschen/Stampfen) vom Sprechchor selbst ausgeführt werden.

b) Werden Instrumente (= HB/GT) eingesetzt, macht es viel Spaß, wenn die Aktionen wechselweise von allen ausgeführt werden (Rollentausch!).

c) Ein zügiges Sprechtempo ist anzustreben.

Text: 1. Strophe: Überlieferung.
2.–4. Strophe: Werner Halle, aus: Halle/Schüttler/Janikulla, „Bilder und Gedichte für Kinder", Georg Westermann Verlag, Braunschweig 1971.

VOM GROSSEN UND VOM KLEINEN HASEN

Ein Spiel mit akustischen Signalen auf bzw. zu bestimmten Losungen (= Stichwörter / Erkennungswörter).
Konzentration und schnelles Reagieren sind hier die zu lösenden Aufgaben. Daneben werden die Verkleinerungsformen (diminutiv – hypokoristisch) erkannt, erfahren und intensiviert.

Spielvorbereitung

1. *Vorlesen*

   Ein *großer Has,* ein *kleines Häschen.* Der *große Has* hat *große Ohren,* das *kleine Häschen* hat *kleine Öhrchen.* Sie sitzen im Kohl. Der *große Has* frißt einen *großen Kohl,* das *kleine Häschen* ein ganz *kleines Köhlchen.* Da kommt der Jäger und macht *piff, paff, puff.* Da macht der *große Has trip, trap, trip, trap* und das *kleine Häschen trippel, trappel, trippel, trappel* – bis sie zu Hause sind. Da kriegt die Mutter den *großen Hasen* am *großen Ohr,* das *kleine Häschen* am *kleinen Öhrchen,* und da weinen sie, der *große Has* ganz *große Tränen,* das *kleine Häschen* so winzig *kleine Tränchen,* daß man sie gar nicht sieht, und da sagt die Mutter: „Nun braucht ihr nicht mehr zu weinen, jetzt mach' ich dem *großen Hasen* einen *großen Verband* und dem *kleinen Häschen* ein *klei-*

nes Verbändchen, und dann lege ich den *großen Hasen* ins *große Bett* und das *kleine Häschen* ins *kleine Bettchen.*“ (Und da liegen sie nun und schlafen, genauso lieb und gut wie unsere Kinder.)

2. *Spielerklärung*
   Jeder eingeteilte Spieler (oder auch jede Gruppe) antwortet auf das verabredete und ihm (ihr) zugeteilte Erkennungswort (= im Text markiert!) mit dem entsprechenden Klangsignal.

3. Verabreden oder gemeinsames Suchen und Erfinden von *Klangsignalen* und entsprechenden Aktionen. *Beispiele:*

Has = eine Schlagaktion auf XYLOPHON

Häschen = dito auf HOLZBLOCKTROMMEL

Ohr = ein Schlag mit dem Filzschlägel auf BECKEN

Öhrchen = FINGERCYMBEL, mit dem Triangelschlägel angetippt

Kohl = Großer Trommel-Schlag

Köhlchen = auf die RAHMENTROMMEL geschlagen

piff – paff – puff = von drei Spielern je ein KLATSCHER nacheinander (wie vorgesprochen)

trip – trap, trip – trap = mit den FÜSSEN im Sprechrhythmus:

trippel, trappel, trippel, trappel = im Sprechrhythmus auf die KNIE gepatscht:

Tränen = langsame Schläge auf TRIANGEL (groß)

Tränchen = Streifschläge auf kleinerem Instrument = T 2

Verband = starke Schüttelaktion mit SCHELLENRASSEL

Verbändchen = leichtes Schütteln mit einem SCHELLENBAND

Bett = Glissando auf METALLOPHON

Bettchen = Glissando auf GLOCKENSPIEL

Spielablauf

Vorlesen des Textes und Einsatz der einzelnen Klangsignale und Aktionen an den betreffenden Textstellen.

Text: Karl Würzburger, „Von großen und von kleinen Hasen“, aus: Die schönsten Gute-Nacht-Geschichten. Gesammelt von Jella Lepman, hrsg. von Hansjörg Schmitthenner. Europa Verlag, Zürich.

ES GEHT EINE ALTE HEXE

Instrumente: Hängendes Becken — Kugelrassel — Schellenrassel — Holzblocktrommel — Rahmentrommel — Triangel — Cymbeln

( = chorisch besetzt)

drei Sprecher — Sprechchor

A1 . . .
dazu *1. Sprecher:* Es geht eine alte Hexe in Regen und Schnee.

. . .  bis Textende — dabei dynamisch bis zum ff steigern

A2 . . .
dazu *2. Sprecher:* Was sollen wir ihr zu essen geben?

. . .  (schütteln)

A3 . . .
dazu *Sprechchor:* Zucker und Kaffee.

. . . im Rhythmus des Sprechchors auf  (= )

1. Sprecher: Zipfel,
A4 . . .

. . . Schlag auf 

2. Sprecher: Zapfel,
A5 . . .

. . . Schlag auf 

3. Sprecher: Butterkrapfel,
A6 . . . — . . . Schlag auf *f* (Triangel)

A7 . . . — . . . SR und KR schütteln (= *ff*)
dazu alle *drei Sprecher:*
alte Hexe, häng dich an

A8 . . . — . . . im Rhythmus des Sprechchores auf [-] (= *ff*)
dazu *Sprechchor:* an den schönen Florian!

A9 . . . — . . . ff-Abschlag Cymbeln (╢╟)

Spielanmerkung: A4 bis A6 in schneller Folge – mit jeweiliger Einzelaktion (drei Spieler) auf B / RT / T

Text: Überlieferung aus dem Burgenland.

WENN WIR FAHREN

Ein rhythmisches Spiel für XYLOPHON(-E) und KLANGGESTEN-GRUPPEN mit dem Lernziel der Koordination von Sprechen und Spielen.

Xylophon(-e) im raschen Tempo

quasi als Ostinato bis zum Schluß . . .

Vorsprecher: (im Tempo des Xylophons)
Wenn wir fahren, rollen Räder,
rollen Räder immerfort. –

1. Gruppe: (Klatschen und *Sprechen)*

Auto, Fahrrad, Eisenbahn
tragen uns von Ort zu Ort. –

2. Gruppe: (Patschen und *Sprechen)*

Auf den Straßen, auf den Schienen
rollen Räder durch die Stadt. –

3. Gruppe: (Stampfen und *Sprechen)*

Wer war wohl der kluge Mann,
der das Rad erfunden hat? –

Alle *drei Gruppen* zusammen; – also *Klatschen, Patschen, Stampfen* und *Sprechen:*

Xylophon(e)

Text: Werner Halle, aus: Halle/Schüttler/Janikulla, „Bilder und Gedichte für Kinder“, Georg Westermann Verlag, Braunschweig 1971.

WIND, WIND, BLASE!

Zum Spielen und zum Singen:
Xylophongruppe – Singgruppe mit Glockenspielen – fünf (Funktions-)Spieler mit Kugelrassel, Hängendes Becken, Cymbeln, Große Trommel oder RT, Triangel

Xylophongruppe + Funktionsspieler:

Xylo-Glissando (d)
(mit den Fingern)
1. Kugelrassel

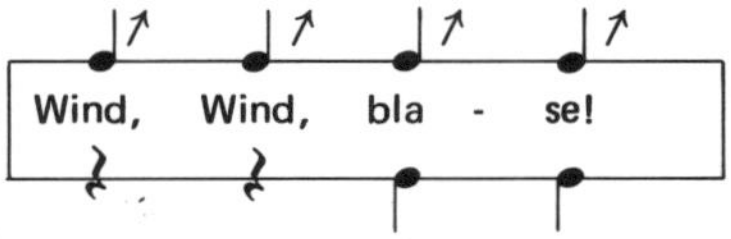

Singgruppe mit Glockenspielen:

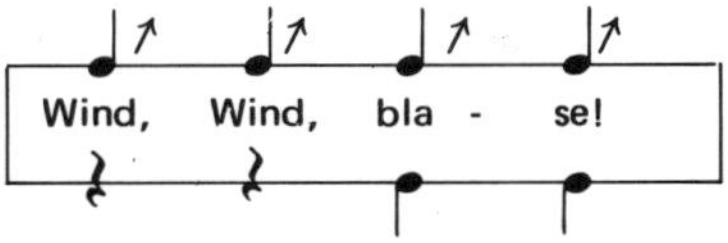

Xylo-Glissando
(Filzkopfschlägel)
2. Hängendes
Becken

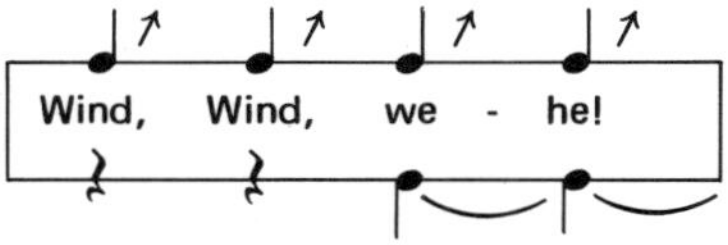

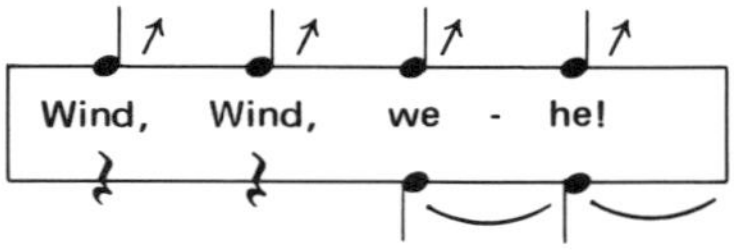

Xylo-Glissando
(Schlägelstiel)
3. Cymbeln

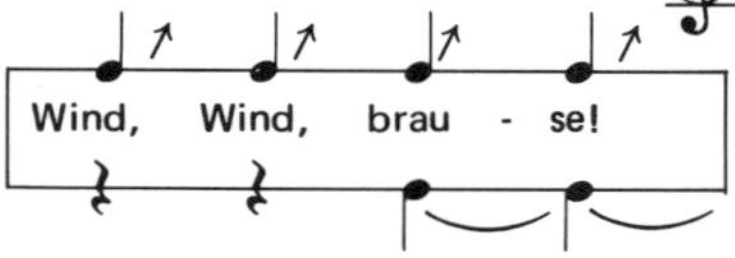

Xylo-Glissando
(Glockenspielschlägel)
4. Große Trommel
oder Rahmentrommel

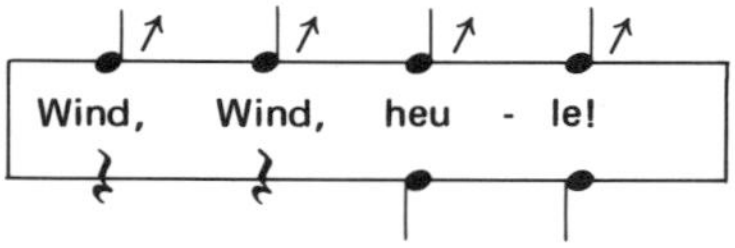

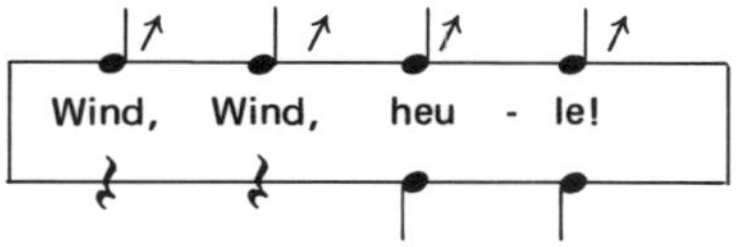

Xylo-Glissando
(mit den Fingernägeln)
5. Triangel

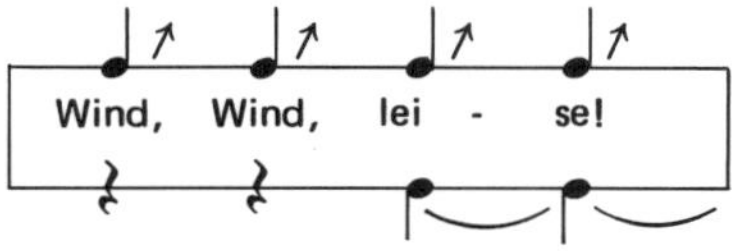

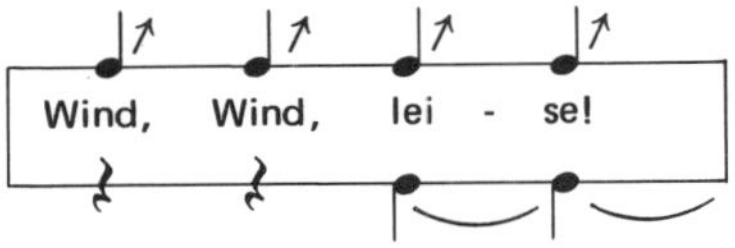

Spielvorbereitung

1. Vorlesen
2. Spielordnung für die *Xylophongruppe* und *Funktionsspieler* mit Beobachtung der sinngemäßen Dynamik:

... blase!	=	sehr leise	=	pp
... wehe!	=	halblaut	=	mf
... brause!	=	laut	=	f
... heule!	=	sehr laut	=	ff
... leise!	=	leise	=	p

3. Vor- und Nachsingen der Melodiezeilen mit *allen* Kindern
4. Gehörmäßiges Suchen dieser Zweiton-Melodie auf den vorbereiteten Glockenspielen (es sollten nur die beiden Stäbe „e“ und „g“ aufliegen!) und
5. so das eigene Singen instrumental begleiten.

Text: Gustav Sichelschmidt, aus: Kunterbunte Welt – Kindergedichte, Aloys Henn Verlag, Kastellaun.

DAS SCHAUKELLIED

Instrumente: Glockenspiele – 3× ⊥ – 3× △ – 3× ÷

1. Alle lernen das Lied:

2. Alle spielen die Melodie zum Singen auf dem Glockenspiel. (Nur die benötigten Stäbe auflegen!)

3. *Hängendes Becken, Triangel* und *Fingercymbeln* schaukeln mit. Gespielt wird in drei Gruppen; d. h., je eine Gruppe übernimmt mit ihren Instrumenten eine Strophe. Den letzten Vers spielen alle zusammen.
   Spielanmerkung: Die Instrumente erklingen jeweils zu ihrem (markierten) Kennwort im unten angegebenen Rhythmus.

1. Gruppe

⊥ = *Fichten* schaukeln,

△ = *Linden* schaukeln

÷ = *sanft* im Winde hin und her.

2. Gruppe

÷ = *Lerchen* schaukeln,

△ = *Möwen* schaukeln,

⊥ = *Wolken* schaukeln, groß und schwer.

3. Gruppe

 = *Züge* schaukeln,

 = *Masten* schaukeln,

 = *Schiffe* schaukeln auf dem Meer.

Tutti (alle drei Gruppen zusammen)

Du mußt schaukeln,

ich muß schaukeln.

Alles schaukelt hin und *her.*

1. Strophe:

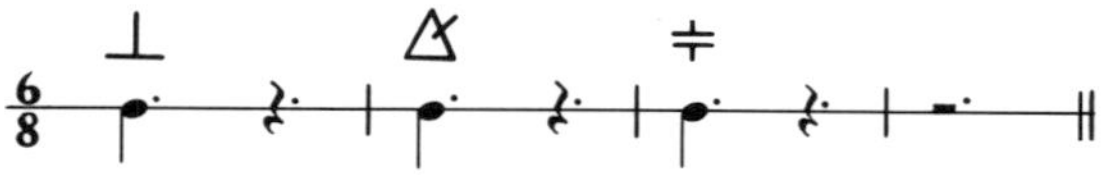

2. Strophe:

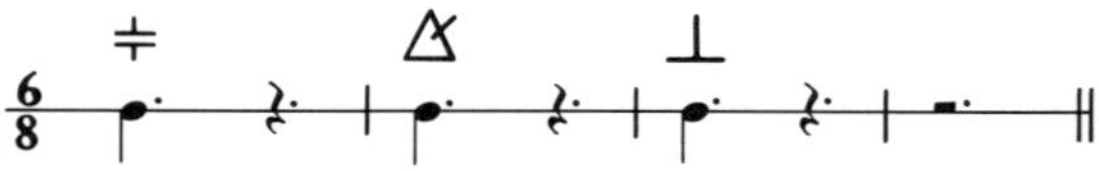

3. Strophe:

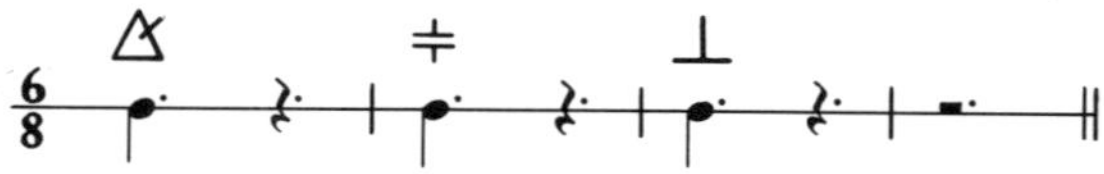

4. Strophe:

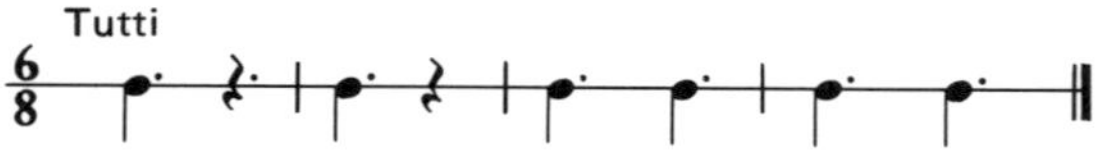

4. Wir singen und spielen zusammen . . .

Text: Lennart Hellsing, aus: Balduin Baumelschuh, übersetzt von James Krüss, Verlag Friedrich Oetinger, Hamburg.

3×3 AN EINEM TAG

Die Konzeption der Geschichte „Vom großen und vom kleinen Hasen“ (S. 22) – Konzentration/Reaktion – erfährt hier ihre Erweiterung, in dem die Aktionsaufgaben mimisch und musikalisch intensiv ausgeweitet bzw. ausgespielt werden. Dabei sollten auch hier die Spielaktionen nur beispielhaft gelesen werden, um der schöpferischen Entfaltung Raum anbieten, dem natürlichen Spieldrang entgegenkommen zu können.
Ob ein Stoff in bzw. ab dieser Größenordnung im Komplex oder als Serie (in Folgen) angeboten werden kann, ergibt sich naturgemäß aus dem Gruppenpotential. Eine hinweisende pädagogische Programmierung jedenfalls könnte diesbezüglich aus dem Titelprädikat gelesen werden: „3×3 an einem Tag“ = Tag um Tag drei Bildmotive und die anhängenden drei Textzeilen!

Spielregeln:
Je freier ein Spiel improvisiert wird, um so strenger sind seine Spielregeln zu beachten. Nur so kann ein chaotischer Wirrwarr, ein Entgleiten und Entgleisen des Spiels umgangen werden. (Hinter der großen Bühne, am Theater, heißt es: „Eine Improvisation ist dann gelungen, wenn die Vorbereitungen nicht bemerkt wurden!“)

I. Regievorbereitung

1. Zusammenfassung derjenigen Substantive und Verben, die sich durch ihren personifizierenden oder imaginablen Charakter für a) *mimische/gestische* und b) *musikalische* Aktionen besonders eignen.

   Beispiel: Sonne
   a) = langsames Heben der Arme mit gespreizten Fingern (Sonnenhände)
   b) = Wischglissando auf Metallophon langsam aufwärts – abschließender Beckenschlag

2. Registrieren von Spielzäsuren, in denen ggf. schon bekannte oder noch zu erarbeitende Lieder, selbsterfundene Aktionen oder improvisierte Musik, kleine Spielmusiken, zur szenischen Vertiefung eingebaut werden können.

Beispiel: Da sagten drei Katzen: Gut Nacht, miau! = *Nachtgesang der Katzen!*

II. Methodischer Ablauf:

1. Vorlesen und Motivbetrachtung
2. Gemeinsames Absprechen der Pantomime (I.1.a)
3. Musikalische Realisation oder Ergänzung (I.1.b)

Eine graduelle Steigerung der spielerischen Erfahrung im rhythmisch-musikalischen Sektor ergibt weitere Spielvarianten:

a) Jede Gruppe improvisiert unabhängig zum vorgetragen Text;
b) Gruppe 1* interpretiert nach Absprache –
Gruppe 2* versucht das Gebotene ad hoc instrumental nachzuvollziehen (= BEWEGUNGSBEGLEITUNG);
c) Gruppe 2* interpretiert nach Absprache –
Gruppe 1* setzt die gehörten musikalischen Impulse (Signale/Klänge) ad hoc in Bewegungsformen um (= BEWEGUNGSIMPROVISATION).

Daraus sich ergebende Intuitionen nach Spielformerweiterung – z. B. szenische Darstellungen – sollten immer aufgegriffen und, wenn möglich, realisiert werden! (Auch wenn die gegebene Thematik zur Fixierung dieser dritten Spieldimension, *Szenisches Spiel,* hier keinen Raum geben kann.)

Praxis:

Aktions-Losungen: (chronologisch und synonym erfaßt)
Sonnenaufgang – Tagesbeginn – krähende Hähne – blasende Jäger – sich streckende Katzen – Mäuse im Fenster – futtersuchende Hühner – nahende Füchse – fliehende Hühner – kriechende Katzen – entsetzte Mäuse – Mäusetränen – strahlende Sonne – struppige Hunde – fliehende Füchse – erschreckte Katzen – lachende Mäuse – anmarschierende Jäger – bebende Hunde – Blitze – abziehende Jäger – schlafende Hühner – piepsende Mäuse

Einblendungen:

I. Vorspiel

II. Da sagten drei Katzen: Gut Nacht, miau!
Da schlüpften drei Füchse in ihren Bau
Im Walde unter drei Tannen.
= *Nachtgesang der Katzen und der Füchse*

III. Da sangen drei Hähne das Abendlied.
Da lagen drei Hunde an Ketten.
= *Abendlied der Hähne und der Hunde*

IV. Nachspiel – Ausklang – Finale

Instrumente:* Metallophon – Glockenspiel – Xylophon – Hängendes Becken – Cymbeln – Fingercymbeln – Schellenkranz – Schellenband – Triangel – Holzblocktrommel – Pauken (Rahmentrommel oder Große Trommel) – Kugelrassel – Schlagstäbe; Wassereimer

Spielkreis:* Gruppe 1 = Pantomime
Gruppe 2 = Instrumente

(* Chorische Besetzung oder sinngemäß dreifach)

Einblendung I:
Vorspiel

dreimal gesungen

1. Erzähler
oder Spielleiter) = mf
2. *dazu* Gruppe 1 = f
3. *dazu* Gruppe 2 = ff

GRUPPE 1 ERZÄHLER: GRUPPE 2

Die *Sonne* ging auf, der *Tag* begann, (A1)

. . . Arme mit gespreizten Fingern langsam heben (Sonnenhände) bis zum Signal (Beckenschlag)

. . . Glissando (= Xy/d) auf *Metallophon* langsam aufwärts ↗ – weicher *Beckenschlag* als Glissandoabschluß

Da fingen drei Hähne zu *krähen* an, (A2)

. . . die straff gespannten Hände auf Kopf und Rücken als Hahnenkamm und Schweif

. . . mit *Holzschlägeln* auf den beiden *Xylophonstäben* „e-f" (Sekund-Intervall) im Sprechrhythmus des Hahnenschreis: „Ki – ke – ri – ki!"

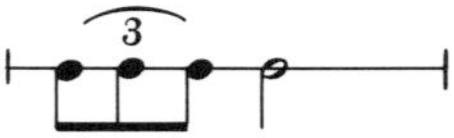

oder

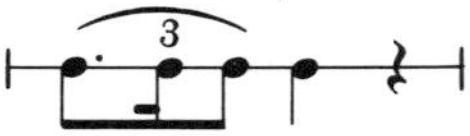

Da bliesen drei Jäger auf *Hörnern.* (A3)

. . . eine Faust als Signalhorn gehalten

. . . das *Glockenspiel singend* und *blasend* begleiten:

3 x

Da streckten drei *Katzen die Glieder* aus, (A4)

. . . sich drehen und strecken

. . . leichte Schüttelaktion mit *Schellenkranz* und *Schellenband*

Da schauten drei *Mäuse zum Fenster* heraus, (A5)

. . . beide Daumen und Zeigefinger dienen brillenartig als Guckfenster

. . . nacheinander drei zarte Schläge auf *Triangel*

Da suchten drei Hühner nach *Körnern.* (A6)

. . . rasches „Picken" mit den Fingern auf die Sitzfläche (Stuhl – Hocker – Fußboden)

. . . schnelles *Fingertremolo* auf *Holzblocktrommel*

GRUPPE 1 ERZÄHLER: GRUPPE 2

Die *Sonne* stieg weiter ins Himmelszelt, (A7)

... drei sich vergrößernde Kreise mit den „Sonnenhänden“ in den Raum zeichnen

... auf *Glockenspiel* und *Metallophon* im Rhythmus der drei Kreisbewegungen:

Da kamen drei *Füchse* über das Feld, (A8)

... leichtes, aber rhythmisch gleichmäßiges Patschen:

... im „Patsch-Rhythmus“ mit den *Händen* über das *Paukenfell* „marschieren“

Da *flohen* drei Hühnchen und Hähnchen. (A9)

... Händeflattern

... mit Schlägelstiel beliebig schnelles Trommeln bzw. Spielen auf *Holzblocktrommel* und *Xylophon*

Da *schlüpften* drei Katzen ins Mausehaus, (A10)

... sinngemäße Körperaktionen

... leises Schütteln mit *Schellenkranz* und *Schellenband*

Da sprangen drei Mäuse vor *Graus hinaus,* (A11)

... aufgeregtes Huschen mit den Händen

... *Stoppklänge* auf *Triangel* (= T-6)

Da weinten die Mäuse *drei Tränchen.* (A12)

... mit einem Finger Tränen wischen

a) *Streifschlag* (= T-2) auf drei verschieden klingende *Triangel;*
b) dreimal Wassertriangel (= T-3)

GRUPPE 1	ERZÄHLER:	GRUPPE 2
	Die *Sonne* stand *strahlend* am Himmelsplan, (A13)	
... „Sonnenhände“ hoch und weit auseinander gestreckt		a) Tremolo auf *Metallophon* und *Glockenspiel;* b) Cluster (= Xy/f)
	Da kamen drei *struppige Hunde* an, (A14)	
... im „Lauf-Tempo“ (= 1/8-Rhythmus) auf Handrücken klatschen		... im Klatschrhythmus eine *Kugelrassel* auf das Fell schwingen
	Da *rannten drei Füchse* ins Häuschen. (A15)	
... lebhaftes Patschen		... schnelles *Handtrommeln* auf dem *Fellinstrument* — kräftiger Abschlag! (Stichwort „Häuschen“ = Türe zu!)

	Da *rannten* drei Füchse ins Mausehaus, (A16)	
... Patschen wie vorher		... Trommeln wie vorher
	Da sprangen drei Katzen vor *Schreck* hinaus, (A17)	
... auf Stichwort gleichzeitig einmal in die Hände klatschen		... auf Stichwort *Schellenkranz* und *Schellenband* auf den Boden werfen
	Da *lachten* von ferne drei Mäuschen. (A18)	
... kurz und leise kichern		... lustige *Triangelschläge*

GRUPPE 1 ERZÄHLER: GRUPPE 2

Die *Sonne* ging weiter den alten Gang, (A19)

. . . beide „Sonnenhände“ parallel im langsamen Rhythmus von Seite zu Seite ziehen

. . . auf dem *Metallophon* den Sonnengang begleiten:

Da kamen drei *Jäger* das Feld entlang, (A20)

. . . mit den Fußspitzen im „Geh-Tempo“ (1/4-Rhythmus) klopfen

. . . die *Pauke* im Geh-Tempo mit einem weichen Filzschlägel schlagen

Da *bebten* drei struppige Hunde. (A21)

. . . Zähneklappern

. . . Schüttelaktion mit *Kugelrassel*

Da *krochen* drei Hunde ins Mausehaus, (A22)

. . . sinngemäße Körperaktion

. . . die Finger griffig über das *Fell* ziehen

Da schossen drei Füchse wie *Blitze* heraus, (A23)

. . . dreimal schnell in die flache Hand klatschen

. . . drei kurze, scharfe Schläge auf das *Becken* oder mit *Cymbeln* ausgeführt (= C/d)

Da machten drei Jäger die *Runde.* (A24)

. . . im federnden Schritt mit den Fußspitzen

. . . auf der *Pauke* mit weichem Schlägel Schrittbegleitung

GRUPPE 1 ERZÄHLER: GRUPPE 2

Die *Sonne* schien weiter auf groß und klein, (A25)

. . . langsam kreisende und schwebende Sonne

. . . freies, improvisierendes, charakteristisches Spiel auf *Metallophon* und *Glockenspiel* bis *Szenenende*

Da fingen drei Jäger die *Hunde* ein (A26)

. . . (Sonne scheint weiter)

. . . schnell beginnend, aber *ritardierend* (= Tempo verlangsamen) und *diminuierend* (= leiser werden) mit einer *Kugelrassel* auf der *Pauke* bis zum Verlöschen:

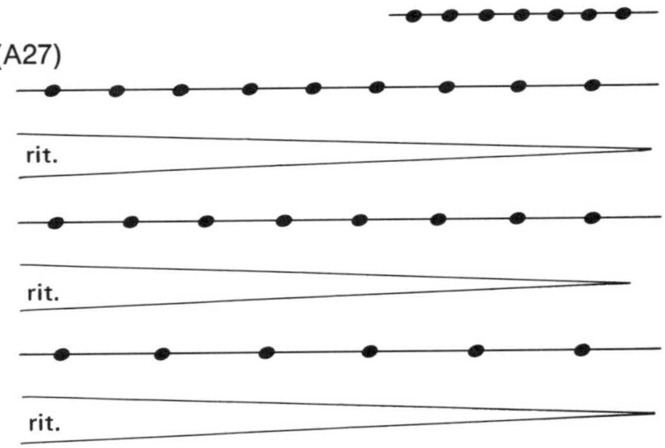

und gingen mit ihnen *von dannen.* (A27)

. . . Fußspitzen begleiten klopfend – in Koordination zur Sonne – die Pauke

Da sagten drei Katzen: Gut Nacht, *miau*! (A28)

. . . winken oder gähnen

. . . dreimal leiser *Triangelschlag* mit jeweiligem Schüttelstoß von *Schellenkranz* und *Schellenband*

GRUPPE 1 ERZÄHLER: GRUPPE 2

Da *schlüpften* drei Füchse in ihren Bau (A29)

. . . langsames, fast unhörbares Patschen (bis Ende der Szene):

. . . vokales Sirenengeheul:

Im Walde unter drei *Tannen.* (A30)

. . . Patschen wie oben – den Rhythmus der Instrumente aufnehmend

. . . mit *Schlagstäben* gleichmäßig im langsamen Tempo

Einblendung II:

Nachtgesang der Katzen und der Füchse

(*Lernhilfe:* Vor jeder Gruppenteilung zunächst jede Zeile bzw. jede Aufgabe – hier: a] bis d] – mit allen gemeinsam üben!)

GRUPPE 1 ERZÄHLER: GRUPPE 2

Die Sonne ging unter, der Tag *verschied,* (A31)

GRUPPE 1	GRUPPE 2
... sinngemäße Richtung (↓) der „Sonnenhände"	... *Wischglissando* (= Xy/e) auf *Metallophon* langsam abwärts

Da sangen drei Hähne das *Abendlied,* (A32)

GRUPPE 1	GRUPPE 2
... Hahnenkamm wie anfangs	... *Singen* und auf *Glockenspiel:*

Da lagen drei Hunde an *Ketten.* (A33)

GRUPPE 1	GRUPPE 2
... Hände fassen zum Kreis	... *Singen* und auf *Metallophon:*

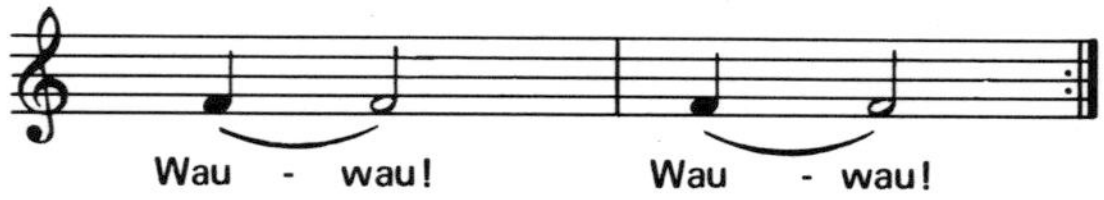

Einblendung III:

Abendlied der Hähne und Hunde

GRUPPE 1 | ERZÄHLER: | GRUPPE 2

Da *schliefen* drei Hühner in ihrem Schlag, (A34)

GRUPPE 1: . . . schlafend Schulter an Schulter lehnen

GRUPPE 2: . . . auf (mehreren) *Holzblocktrommeln* schnelles Reiben mit dem Schlägel (= HT-a)

Da piepten drei Mäuse: *Was für ein Tag!* (A35)

GRUPPE 1: . . . sinngemäß, zufriedene Mimik (z. B. fröhliches Gesicht mit schnellem Augenblinzeln)

GRUPPE 2: . . . auf *Triangel* dreimal im Sprechrhythmus: Was für ein Tag! (= 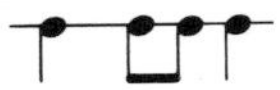)

Und sanken erschöpft in die *Betten.* (A36)

GRUPPE 1: . . . in sich zusammensinken oder schlafend auf den Boden legen

GRUPPE 2: . . . mit dem *Schlägelstiel* auf *Glockenspiel* abwärts glissandieren, dazu –
Hängendes Becken mit *Besen* reiben (= B-d)

Einblendung IV:

Ausklang – Nachspiel – Finale

„Weißt du, wieviel Sternlein stehen . . .“
als ENSEMBLE-LIED für acht Gruppen

Während Gruppe 1 (= „Hähne“) ausschließlich das Lied singt, übernehmen die Ergänzungsgruppen 2–8 *flüsternd* und gleichzeitig *instrumental* ihren jeweiligen Ostinato bis Liedende –: unter *Berücksichtigung* des *Finaltaktes!*

Die *Einstudierungsregel* beachten: erst mit allen jede Aufgabe einzeln üben – dann Aufteilung!
Wenn erforderlich, kann der Ostinato-Satz situationsbedingt reduziert werden oder eine leistungsgemäße Vereinfachung erfahren.

Text: James Krüss, aus: James Krüss/E. J. Rubin, 3×3 an einem Tag, © by Annette Betz Verlag, München.

DER LÖWE UND DIE RATTE

Ein musikalisches Zwiegespräch im Urwald, zahlreiche Urwaldtrommler und viele, viele Urwaldtiere.

Instrumente:

Löwe: eine RAHMENSCHELLENTROMMEL (mit weichem Filzschlägel geschlagen)

Ratte: eine HOLZBLOCKTROMMEL (ebenfalls in der Hand gehalten und mit Fingerhüten gespielt)

Urwaldtrommler: alle tieferen FELLINSTRUMENTE

Waldtiere: hohe FELLINSTRUMENTE – KLEINES SCHLAGWERK – GLOCKENSPIELE

Erzähler: GLOCKENSPIEL

Spielform:

Im Außenkreis *stehen* die Urwaldtrommler

Im Innenkreis *sitzen* die Waldtiere

Im Zentrum agiert das Duo (Löwe/Ratte)

Am Szenenrand der Erzähler

Vorspiel

Ein crescendierender *Schlagwerk-Ostinato* mit unterlegter Textstütze im Kanon

Schema der metrischen Ordnung

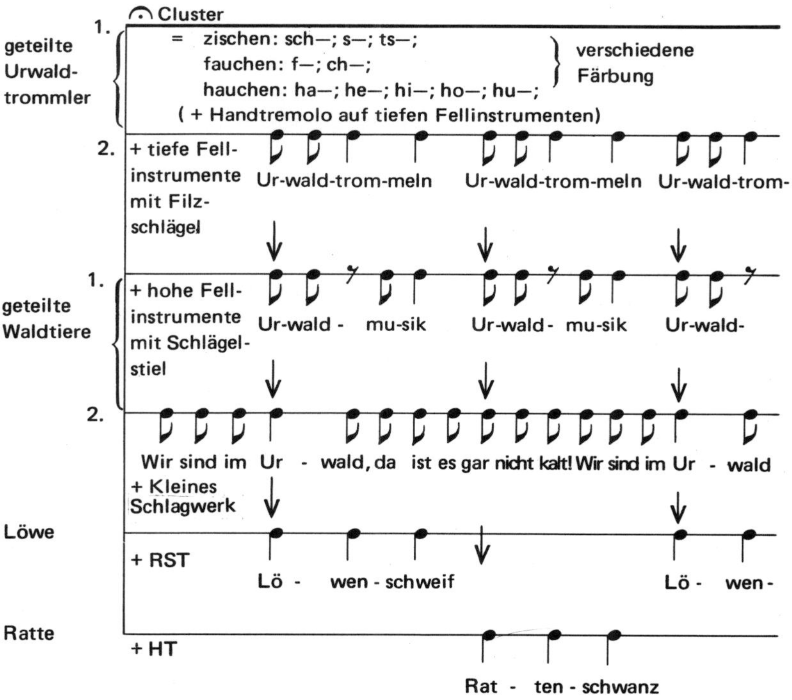

Die kanonischen Einsätze erfolgen mit *einer* Ausnahme („Wir sind im Urwald“ = auftaktiger Beginn!) jeweils auf einem metrischen Schwerpunkt (↓).

Das Notenbild

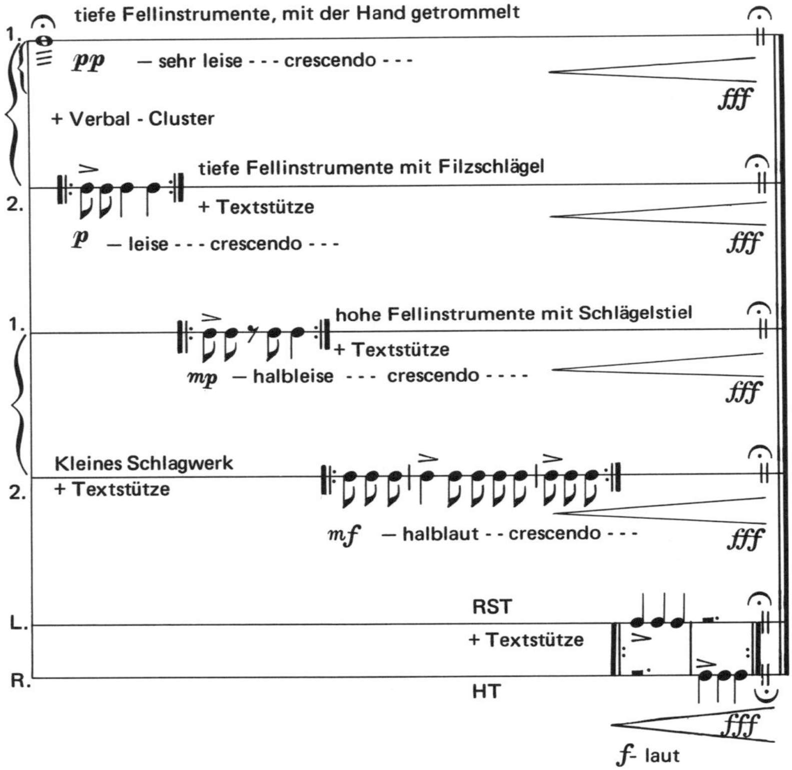

Ausführung: Nach dem fast unhörbaren Beginn des Verbal-Clusters setzen die einzelnen Gruppen in Abständen nacheinander ein und steigern sich „infernalisch" bis zum *plötzlichen* (subito) gemeinsamen *Abbruch!*

A1 . . .

. . . die *Urwaldtrommler* tremolieren leise auf ihren Instrumenten – kontinuierlich bis A7, dann neue Dynamik

Eines Tages lief eine Ratte
A2 . . .

. . . RATTE: mit *Fingerhüten* behende auf der *Holzblocktrommel* (= HT-d) bis A3

versehentlich zwischen die Pranken eines Löwen.
A3 . . .

. . . LÖWE: einige freie, unregelmäßige Schläge auf der *Rahmenschellentrommel*

Der Löwe jedoch ließ die Ratte entwischen.
A4 . . .

. . . ein Frage- und Antwortspiel zwischen Löwe und Ratte:
Duo mit RST und HT = gegenseitiges Zuspielen improvisierter Trommelmusik

Die Ratte bedankte sich und sprach:
A5 . . .

. . . RATTE singt (frei oder im gegebenen Tonraum), z. B.:

Der Löwe sagte lachend:
A6 . . .

. . . LÖWE spricht zum Trommelrhythmus:

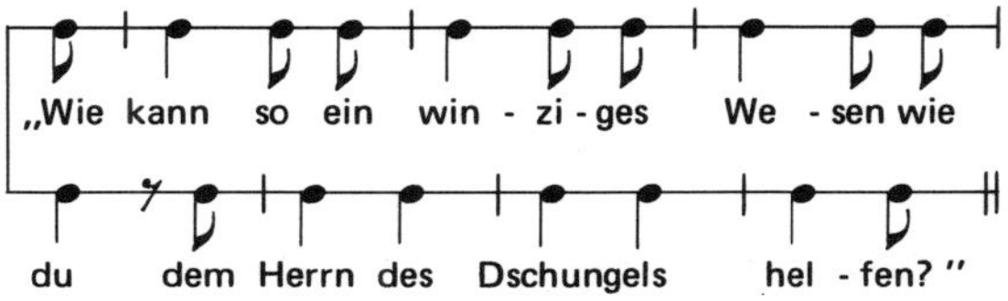

Einige Monate später geriet der Löwe, als er im Walde jagte, in eine Falle.
A7 . . .

. . . großes *Crescendo* der Urwaldtrommler (seit A1 in Aktion) mit *subito*-Abschlag –
und dann individuelles *An- und Abschwellen* der *Lautstärke* bis zum Einsatz der Waldtiere (= A9)

(nach *Abschlag* weiter):
Er heulte vor Wut und versuchte mit aller Kraft, sich zu befreien,
A8 . . .

. . . zum *Trommeln* (wie vorher) sinngemäße *Lautäußerungen;* quasi stimulierende Verhaltensweisen

aber es gelang ihm nicht. Alle Tiere im Wald hörten ihn und eilten herbei.
A9 . . .

. . . (Urwaldtrommler aus!)
Gruppe der Waldtiere: nacheinander einsetzend, spielt jedes Kind auf seinem Instrument „seine“ Musik.

(in die Musik hineinsprechend):
Einen nach dem andern bat der Löwe um Hilfe, aber sie sprachen: „Wie können wir schwache Wesen dir, dem Herrn des Dschungels, helfen?“
A10 . . .

. . . Waldtiere im Tutti (gemeinsam)
sprechend und *spielend:*

mehrmaliges Wiederholen mit stetem *Diminuendo*

(in die abnehmende Musik gesprochen):
Und alle gingen fort.

A11 . . .

. . . G. P. = totale Stille

12 . . .

. . . LÖWE *singt* und *trommelt* traurig:

dazu:
In diesem Moment kam die Ratte vorbei. Sie sah, daß der Löwe in großer Not war, und sprang herbei, ihm zu helfen.

A13 . . .

. . . Ratte auf ihrer HT *schnell* und *gleichmäßig:*

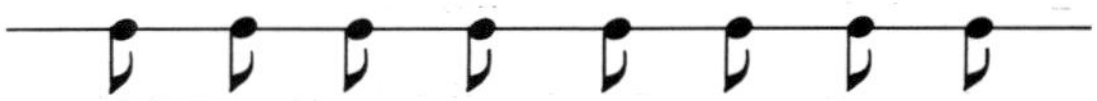

(bis Stichwort: *befreit war.*)

(zusammen mit Holzblocktrommel):
Mit ihren scharfen Zähnen nagte sie so lange am Netz, das den Löwen gefangen hielt, bis er *befreit war.*

A14 . . .

. . . (Holzblocktrommel aus!)

So brachte es die kleine Ratte durch Geduld und harte Arbeit fertig, das zu tun, was dem Löwen mit all seiner Kraft nicht gelungen war.

Ausklang — Finale

LÖWE und RATTE stimmen, das *Finale* beginnend, *singend, spielend* und *tanzend* fröhlich mit ein!

Text: La Fontaine, aus: Brian Wildsmith/La Fontaine, Der Löwe und die Ratte, Atlantis Verlag, Zürich.

DIE SONNE, DER MOND UND DER HAHN

Instrumente: Glockenspiel — Hängendes Becken — Xylophon — Metallophon — Kugelrassel — Rahmentrommel — Cymbeln — Große Trommel — Triangel (chorisch besetzt)
ERZÄHLER — Ein Kind (Rezitativ = A14) — Zwei Kinder (Kontaktspiel mit ⊥ und ⚲)

Die Sonne –
A1 . . .

. . . Glissando auf GLOCKENSPIEL ↗

der Mond –
A2 . . .

. . . Schlag auf ⊥

und der Hahn. –
A3 . . .

. . . Zwei Xylophon-Stäbe im „Kikeriki-Rhythmus" gegeneinanderschlagen

Früher einmal lebten die Sonne, der Mond und der Hahn zusammen im Himmel. –
A4 . . .

. . . auf METALLOPHON:

Die Sonne und der Hahn hatten einander sehr lieb, und niemals gab es einen Streit zwischen ihnen. –
A5 . . .

. . . ein Liebeslied:

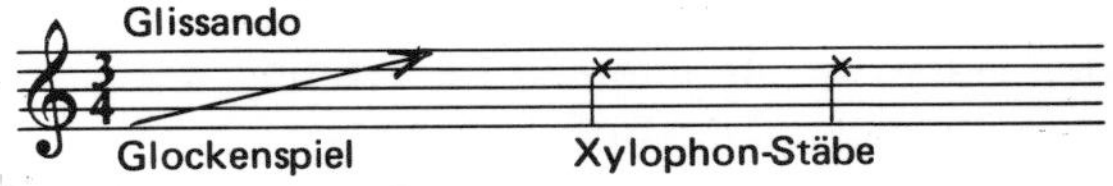

Der Mond aber konnte den Hahn nicht leiden, und darum neckte –
A6 . . .

. . . schütteln der KR

und quälte –
A7 . . .

. . . mit den Fingerspitzen über das Fell der RT

er ihn auch, wann und wo immer er nur konnte. Als nun einmal die Sonne gerade unterwegs war –
A8 . . .

. . . Spaziergang der Sonne = freies, ruhiges Spiel (Improvisation) auf GLOCKENSPIEL

um der Erde zu leuchten, ließ sich der Mond vom Hahn bedienen. –
A9 . . .

. . . Bewegungsform: Führen – Folgen:
1. Kind (= Führungskind) hält ⊥ in der Hand –,
2. Kind hält einen FILZSCHLÄGEL auf das Instrument.
Während nun das Führungskind sich im (abgegrenzten) Raum fortbewegt – (das ⊥ dabei vertikal und horizontal schwingt), versucht das 2. Kind zu *folgen* und mit seinem Schlägel zum ⊥ Kontakt zu gewinnen.

Aber wie sehr sich der Hahn auch Mühe gab, an allem nörgelte der Mond herum. Und schließlich packte er voller Wut –
A10 . . .

. . . BECKEN-Tremolo mit Crescendo =

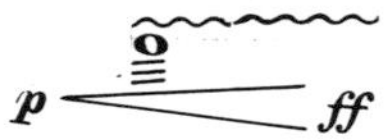

den Hahn, zauste ihm alle Federn und warf ihn vom Himmel auf die Erde hinunter. –
A11 . . .

. . . a) mit Schlagstäben Glissando ↙ auf METALLOPHON;
b) XYLOPHONSTÄBE auf Boden werfen.

Als die Sonne heimkam, sah sie betrübt, was geschehen war, –
A12 . . .

. . . Klagelied auf GLOCKENSPIEL und METALLOPHON:

und da sie die Älteste war, mußte sie den Frieden wiederherstellen. Lange dachte sie nach, dann rief sie den Mond zu sich –
A13 . . .

. . . auf GLOCKENSPIEL:

und sagte zu ihm: A14 . . .

. . . die folgende Periode kann von einem Kind *rezitativisch* (Singart der Liturgie) vorgetragen werden:

„Wir drei können nicht länger zusammenleben. Ich hätte keine ruhige Minute mehr, wenn ich unterwegs bin, um der Erde zu leuchten, und euch allein beisammen wüßte. Deshalb werden in Zukunft der Hahn und ich immer am Tage zusammen unterwegs sein, und du magst dann in der Nacht deinen Weg am Himmel gehen. So vermeiden wir das Häßlichste und Traurigste, was es in der Welt gibt: den Zank und den Streit."
A15 . . .

Tonmaterial:

. . . „Blitz- und Donneraktionen" mit GT und C

Und so, wie die Sonne es gesagt hatte, geschah es auch. Seitdem weckt der kleine Hahn an jedem Morgen – ihr könnt es hören –
A16 . . .

. . . verbaler „Kikeriki-Ruf" von allen Kindern

mit seinem hellen Kikeriki die große Sonne auf, und sie verbringen dann den ganzen Tag miteinander. Die Sonne hoch oben am Himmel und der Hahn tief unten auf der Erde. –
A17 . . .

. . . freier Dialog (mit dynamischem Wechsel) zwischen XYLOPHONSTÄBEN und GLOCKENSPIEL (= Improvisation)

Und erst am Abend, wenn die Sonne in den Himmel zurückkehrt –

A18 . . .

. . . *Wischklänge* auf GLOCKENSPIEL, abwärts

und der Hahn in seinen Stall, –

A19 . . .

. . . langsames, freies Spiel auf XYLOPHON (Filzschlägel)

steigt der Mond still am Horizont auf –

A20 . . .

. . . langsames Glissando auf METALLOPHON und leise Schläge auf ⊥ bis Textende . . .

und beginnt seine einsame Herrschaft über das Reich der Nacht und der Sterne.

A21 . . .

. . . GT mit Händen gerieben – dazu einzelne, leise Triangelschläge.

A22 . . .

. . . *Finale:*
„Turm-Uhr-Motiv" als Ostinato – dazu (von allen gesungen):
„Weißt du, wieviel Sternlein stehen"

Text: Herlint Wolff v. d. Steinen, aus: Die schönsten Gute-Nacht-Geschichten, neue Folge: Die Katze mit der Brille. Hrsg. von Jella Lepman, gesammelt von Hansjörg Schmitthenner, Europa Verlag Zürich.

DER BÖSE GEIST VON TAPROBANA

Instrumente: Altmetallophon – Altglockenspiel – Sopranglockenspiel – Altxylophon – Sopranxylophon – Triangel – Fingercymbeln – Cymbeln – Hängendes Becken – Große Trommel – Rahmentrommel – Rahmenschellentrommel – Glockenkranz – Schlagstäbe
Erzähler – Stimme des Koch (ein Kind) – evtl. Tanzgruppe

A1 ...
dazu –
Es war einmal ein Mann, der lebte mit seiner Frau in einem abgelegenen Dorf auf der Insel Taprobana in Ceylon. Nun war die Frau immerzu krank und hatte jeden Tag einen neuen Schmerz: Kopfweh, Halsweh, Zahnweh, Magenweh und was es sonst noch alles an Weh gibt. Kein Arzt konnte ihr helfen, und als es gar nicht besser wurde, entschloß sich der Mann auf Anraten seiner Freunde, einen Teufelstanz abzuhalten, um den bösen Geist, von dem die arme Frau besessen war, auszutreiben.

... Musikalisches Vorspiel:

a) s. Motiv-Musik = „Ceylon“
oder

b) Motiv-Turm (= Schichtung von verschiedenen musikalischen Motiven):

(= im freien Tempo nacheinander beginnen, bis sich ein gemeinsamer Pulsschlag – Tempo – einstellt)

Nach langen Beratungen wurde ein Tag für den Teufelstanz festgesetzt, und alle Vorbereitungen wurden mit großer Sorgfalt gemacht. Die Musikanten kamen mit ihren Trommeln und die Tänzer mit ihren Masken, um den bösen Geist zu verscheuchen. –
A2 . . .

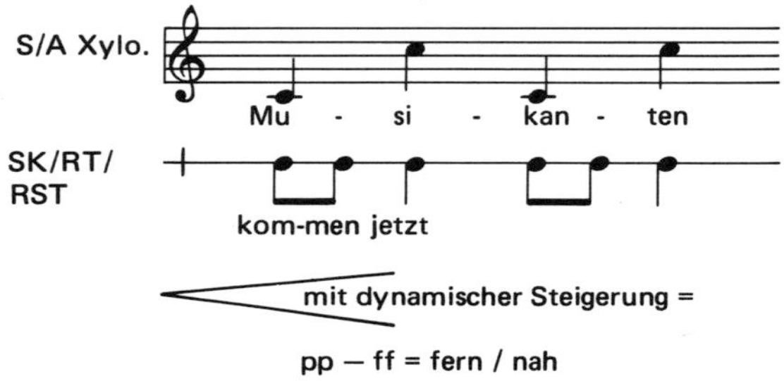

Aber gerade als der Tanz beginnen sollte, fing es zu regnen an. –
A3 . . .

. . . = B/d-e-h + „Blitz- und Donner-Aktionen“ auf C und GT
bis: . . . *krochen hinein.*

Der Mann und die Musikanten und Tänzer sahen sich nach einem Unterschlupf um. Da entdeckten sie einen großen Kürbis im Gemüsegarten. Sie schnitten ihn geschwind auf und *krochen hinein.* Aber kaum waren sie drinnen, als sich der Kürbis durch einen Zauber wieder schloß. –
A4 . . .

. . . Schüttelstoß mit GK

Es goß in Strömen, viele Tage und Nächte lang, und das Land wurde überflutet. Der Kürbis, der durch die Männer in seinem Innern besonders schwer war, brach vom Stengel ab und schwamm auf dem Strom weiter und weiter. –
A5 . . .

. . . Wischflächen / Tremolo mit Filzschlägel und Fingern auf METALLOPHON, GLOCKENSPIEL und B (⊥)
bis: . . . *den ganzen Kürbis.*

Bis ins Meer hinaus schwamm der Kürbis, und dort wurde er von den Wellen hinauf- und hinabgeschaukelt. Da tauchte ein großer Fisch aus der Tiefe herauf, der erblickte den Kürbis, riß sein Maul weit auf und verschlang *den ganzen Kürbis.*
Aber jetzt konnte der Fisch nicht mehr so schnell schwimmen wie zuvor. Er hatte ja den ganzen Kürbis mit all den Männern in seinem Bauch. So ließ er sich auf der Oberfläche des Wassers treiben wie ein aufgeblasener Ballon. Da erspähte ein riesiger Raubvogel den glitzernden Fisch, schoß herunter, –
A6 . . .

. . . Glissando ↙ auf GLOCKENSPIEL

verschlang den Fisch und schwang sich wieder in die Lüfte. Aber er konnte nicht mehr so hoch fliegen, denn er hatte den schweren Fisch und der schwere Fisch den schweren Kürbis und der schwere Kürbis die schweren Männer im Bauch.
Nun waren die Jäger des Königs unterwegs, um Wild für des Königs Festmahl zu jagen. Sie sahen den riesigen Raubvogel, wie er schwerfällig durch die Lüfte segelte. Flugs ergriffen sie Bogen und Pfeile und schossen sie auf den Raubvogel ab. Ein Pfeil traf ihn mitten zwischen

die Augen, und er fiel mit einem gewaltigen Plumps zur Erde.
A7 . . .

. . . Glissando ↙ auf *allen* Stabspielen – und *Abschluß-Schlag* auf RT (= ff)

Die Jäger eilten voller Freude hinzu, denn nun hatten sie einen köstlichen Braten für die Tafel des Königs. Sie trugen den schweren Vogel zum Palast, und der Koch schlug die Hände über dem Kopf zusammen und rief:
A8 . . .

. . . Ausruf übernimmt ein Kind, welches als „Koch" agiert (s. auch weiter unten!)

„Das wird einen Festschmaus geben!"
Mit einem langen Messer schnitt der Koch den *Vogel* auf –
A9 . . .

. . . von hier an jeweils Klangmarkierungen (= musikalische Signale), quasi als Reaktionsübung, bei:

Vogel/Fleisch = 

Fisch = 

Kürbis/Gemüse = 

Musikanten = s. A2

und, hast du wohl gesehen, da lag ein großer *Fisch* in dem Magen des *Vogels.* „Oh", rief der Koch, „nun werden wir *Fleisch* und *Fisch* zum Mahl haben." Dann öffnete er den *Fisch* mit einem großen Messer, und, hast du wohl gesehen, der *Fisch* hatte einen *Kürbis* im Magen. „Nun werden wir *Fleisch* und *Fisch* und *Gemüse* zum Mahl haben", rief der Koch, „was für ein herrliches Mahl." Und damit schnitt er den *Kürbis* mit seinem großen Messer auf, und, hast du wohl gesehen, heraus kamen die *Musikanten* mit Trommeln und die Tänzer mit den Masken fix und fertig für das Fest im Palast des Königs.
Das ganze Dorf war eingeladen, auch die Frau, die von dem bösen Geist besessen war. –

A10 . . .

. . . Dorfmusik und Gesang:

alle Stabspiele

+ vocal

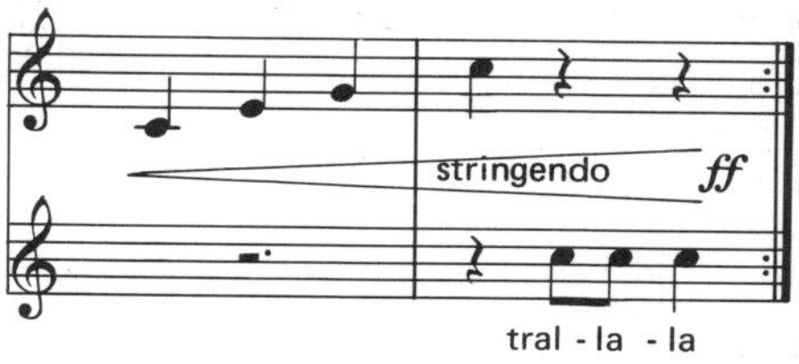

langsam beginnen – immer schneller und lauter werden – bis zum fröhlichen Abbruch

Und als der böse Geist die Musik hörte und als er die Tänzer in ihren Masken tanzen sah, –
A11 . . .

. . . Teufelstanz:

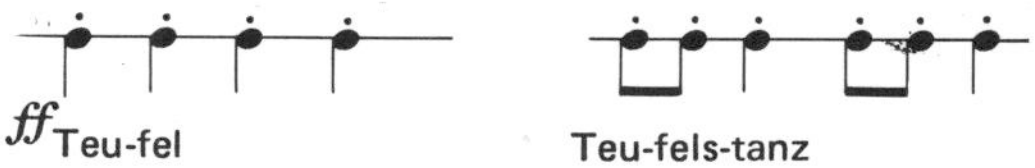

= klatschen
+ Xylo-Stäbe (gegeneinander)
+ alle Trommeln

= HT + S
+ alle Rasselinstrumente

(Zum musikalischen Spiel läßt sich hier mühelos und reizvoll eine Tanzgruppe erstellen – Tänzer mit SCHELLENBÄNDERN an Arm- und Fußgelenken = SB)

da bekam er einen solchen Schreck, daß er sich durchs Fenster ins Meer hinausstürzte und ertrank. –
A12 . . .

. . . Tremolo auf B ( ) bis Textende . . .

(= diminuendo = leiser werden)

Und mit ihm hinaus flogen das Kopfweh und Halsweh, das Zahnweh und Magenweh der Frau, und von da an lebte sie fröhlich und gesund mit ihrem Mann und hatte kein einziges Weh mehr. –

A13 . . . . . . dann nochmals A10, im konstanten Tempo.

Text: N. Perumal, aus: Die schönsten Gute-Nacht-Geschichten, Neue Folge: Die Katze mit der Brille. Hrsg. von Jella Lepman, gesammelt von Hansjörg Schmidthenner, Europa Verlag Zürich.

GOLD IN DER KEHLE

Instrumente: Stabspiele – Kleines Schlagwerk – Fellinstrumente Musikgruppe – Sprechchor – Erzähler – Prinzessin – König – Prinz aus Afrika (= 1. Prinz) – Prinz vom Nordpol (= 2. Prinz) – Müllerbursch – Echostimme

A1 . . . . . . *Vorspiel – Begleitmusik – Themamusik:*

ERZÄHLER *(dazu):*
Weit weg von hier, hinter dem Mond, lag ein Königreich, das war nur ein paar hundert Meilen groß. In dem Königreich stand ein Schloß aus weißem Porzellan, das sah wie eine große umgedrehte Kaffeetasse aus. Dicht daneben war ein Turm, auch aus weißem Porzellan, und darin wohnte eine Prinzessin.

Jeden Abend, –

A2 . . . . . .

auf Metallophon
siebenmal

(dazu)
Schlag sieben Uhr, trat die Prinzessin an das Turmfenster und sang. –

A3 . . .

. . . PRINZESSIN singt:

a) 

b) oder frei improvisierend

Alle Bewohner des Königreiches, dazu viele Fremde aus aller Welt, drängten sich an das Schloßgitter und lauschten. Wenn die Prinzessin ihren Gesang beendet hatte, warfen ihr die Leute Blumensträuße zu und riefen: –

A4 . . .

. . . SPRECHCHOR: „Unsere Prinzessin hat Gold in der Kehle, sie singt wie eine Nachtigall."

Weil alle Menschen sie so bewunderten, wurde die Prinzessin immer hochfahrender, und als ihr Vater, der König, sagte: –

A5 . . .

. . . KÖNIG: „Es ist Zeit für dich, dir einen Mann auszuwählen", –

– entgegnete sie: –

A6 . . .

. . . PRINZESSIN: „Ich nehme nur einen, der so singen kann wie ich."
Themamusik: = A3

Der König erwiderte: –

A7 . . .

. . . KÖNIG: „Du bist töricht, meine Tochter, denn auf den Gesang allein kommt es nicht an."

Aber die Prinzessin stampfte auf den Boden und rief: –

A8 . . .

. . . PRINZESSIN: „So will ich es und nicht anders“, –
– drei Schläge auf RAHMENTROMMEL:

– und niemand konnte ihren Entschluß ändern. Am nächsten Abend kam ein Prinz vor den Schloßturm geritten. –

A9 . . .

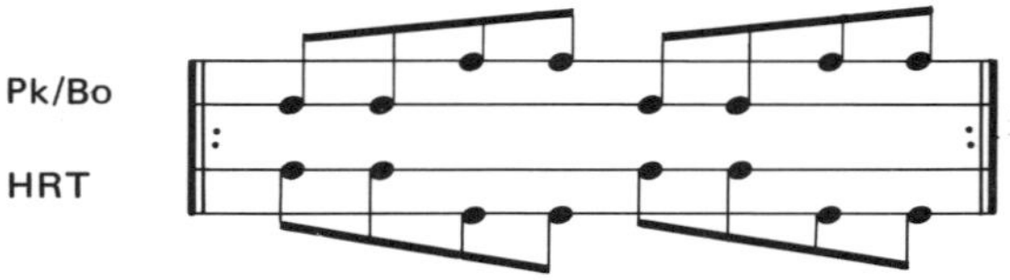

bis: . . . *einem Höcker.*

Er war pechkohlrabenschwarz, saß auf einem zweihöckrigen Kamel und schlug die Pauke. Hinter ihm ritten zehn schwarze Diener, gleichfalls auf Kamelen, doch nur auf Kamelen mit *einem Höcker.*

Als die Prinzessin ihr hochmütiges Gesicht am Fenster zeigte, rief der Prinz:

A10 . . .

. . . PRINZ: „Ich bin der Prinz von Afrika, da wo der blaue und der weiße Nil zusammenfließen. –
Einsatz von Motiv-Musik „Afrika“ . . .
– Mein Schloß ist aus Kokosnüssen und meine Papageien können das Einmaleins vor- und rückwärts sagen. Mein Hofzauberer kann jeden Klumpen Gold verschwinden lassen, und das ist gewiß eine Kunst. Prinzessin, kommt mit mir nach Afrika, dort werdet Ihr glücklich sein.“
Musik aus.

Doch die Prinzessin fragte nur: –

A11 . . .

. . . PRINZESSIN: „Kannst du singen?“

Da sang der Prinz das Lied von den kleinen Negerlein und schlug die Pauke dazu. –

A12 . . .

. . . PRINZEN-Lied: Zehn kleine Negerlein . . .

Anmerkung:
Die Paukenbegleitung kann zur Erleichterung:
a) von einem zusätzlichen Spieler –
b) von allen FELLINSTRUMENTEN
übernommen werden.

Die Prinzessin hielt sich die Ohren zu: –

A13 . . .

. . . PRINZESSIN: „Hör auf! Geh nur zurück nach Afrika und wasch dich weiß in deinem himmelblauen Nil." –

Und dann schlug sie das Fenster zu. –

A14 . . .

. . . Ein Schlag auf die RAHMENTROMMEL: 

und Abgangsmusik A9

So schlecht sollte sich eine Prinzessin nicht benehmen!
Am nächsten Tag kam ein Mann auf einem Eisbären vor den Turm geritten. –

A15 . . .

. . . Mit Händen auf FELLTROMMELN:

(bis . . . *glücklich sein.*)

Ihm folgten zehn Diener, gleichfalls auf Eisbären.

2. PRINZ:
„Ich bin der Prinz vom Nordpol. Bei uns ist es das ganze Jahr *eiskalt.* Mein Palast ist aus *Eis* erbaut, und ringsherum ist ein Zaun aus *Eiszapfen.* In meinem Park wachsen *Eisblumen* und *Eisbäume,* und an den Zweigen hängen *Eiswaffeln,* die kann jeder pflücken und essen. Prinzessin, kommt mit mir zum Nordpol, dort werdet ihr *glücklich sein.*"

– dazu Klangmarkierungen:

eiskalt	=	SR
Eis	=	T
Eiszapfen	=	FC
Eisblumen	=	GK
Eisbäume	=	SK
Eiswaffeln	=	C (rotieren/e)

Doch die Prinzessin fragte nur: –
A16 . . .

. . . PRINZESSIN: „Kannst du singen?"

Und da sang der Prinz das Lied:
A17 . . .

. . . Lied des 2. PRINZEN:

Da mußte die Prinzessin beinahe lachen, dann rief sie: –

A18 ...

... PRINZESSIN: „So gut wie ich kannst du noch lange nicht singen. Geh nur zurück zum Nordpol und deck dich mit einem Eisbeutel zu!" und Abgangsmusik A12

Am dritten Tag aber ritt ein Müllerbursche auf einem grauen Esel vor das Königsschloß.

A19 ...

(als Ostinato bis zum Liedabbruch = A22)

Und als die Prinzessin zu singen begann, –

A20 ...

... PRINZESSIN singt *Themamusik* A3

da sang er einfach mit. –

A21 ...

... MÜLLERBURSCHE singt A3 mit

Sofort brach die Prinzessin ihren Gesang ab –

A22 ...

... Gesang und Musik *aus*

und rief:

PRINZESSIN: „Wer wagt es, mit mir, der Prinzessin, zu singen?"

Aber die Leute vor dem Schloß riefen:

A23 ...

... *Sprechchor:* „Prinzessin, er singt so schön wie Ihr, ihn müßt Ihr erwählen!"

ERZÄHLER: Der Müllerbursche stieg vom Esel und machte eine Verbeugung: –

A24 . . .

. . . MÜLLERBURSCHE: „Ich könnte mir nichts Schöneres denken, als mein Leben lang mit Euch, Prinzessin, zu singen." –
Singt: *Themamusik* A3

ERZÄHLER: Da wurde die Prinzessin zornig und rief:

A25 . . .

. . . PRINZESSIN: „Nur einen Prinzen nehme ich zum Gemahl, keinen mehligen Müllerburschen, der auf einem Esel sitzt."

Und damit drehte sie sich um. Da ritt der Müllerbursche wieder fort.

A26 . . .

. . . Musik A19 mit Diminuendo: >
(bis zum Abwinken)

(dazu:)
Ganz gebückt saß er auf seinem Esel, und der Esel schrie: –

A27 . . .

. . . SPRECHCHOR:
(immer leiser werdend)

Nun kamen keine Freier mehr. Die Prinzessin saß einsam auf dem Brunnenrand im Park, das war ihr liebster Platz. Sie sang in den Brunnen hinab und lauschte dem Echo ihrer Stimme.

A28 . . .

. . . mehrere Male: singend:

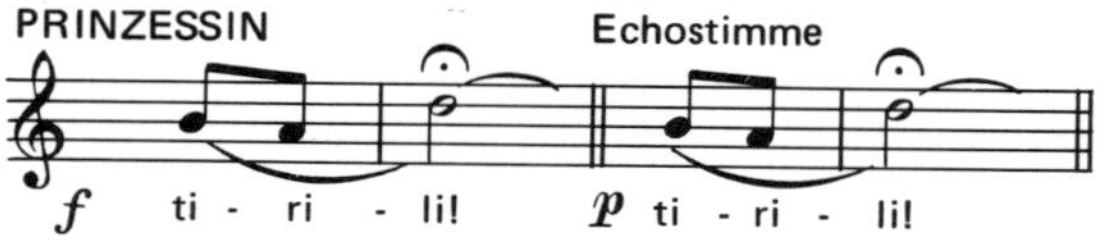

Doch einmal, als sie sich zu weit vorbeugte, machte es plitsch-platsch im Wasser, Ringe stiegen auf, und als sie weitersingen sollte, da klang es plötzlich, als ob ein Rabe krächzte. Die Prinzessin lief voller Entsetzen zu ihrem Vater. Der ließ seinen Leibarzt rufen, und der leuchtete mit einer Laterne in die Kehle der Prinzessin: –

A29 . . .

. . . auf *Metallophone:* (Tremolo)

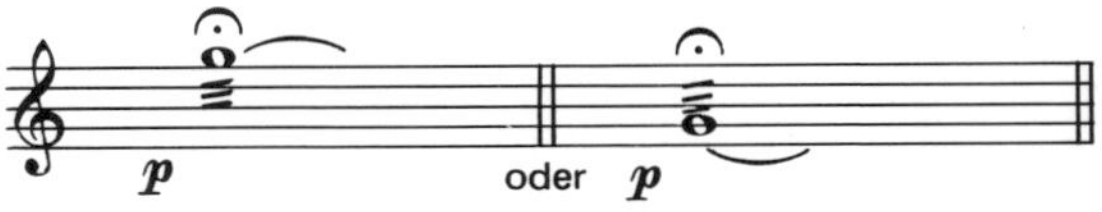

bis: . . . *wie ein Ofenrohr.*

„Majestät", sagte er, „ich habe Eure Tochter auf dem Arm getragen, als sie nicht größer war als ein Dreipfundbrot. Ich sagte Euch: Sie hat Gold in der Kehle. Doch nun ist ihre Kehle schwarz *wie ein Ofenrohr."*

A30 . . .

PRINZESSIN: „Ganz sicher ist das Gold in den Brunnen gefallen, ich habe das Plitsch-Platsch im Brunnen gehört."

Da mußte die königliche Feuerwehr kommen, und fünf Tage und fünf Nächte lang schöpfte sie den Brunnen leer. Dann suchte sie fünf Tage und fünf Nächte auf dem Boden des Brunnens, doch das Gold war nicht zu finden. Bald fragten die Bewohner des Königreiches: „Warum singt unsere Prinzessin nicht mehr?" Und einige flüsterten: –

A31 . . .

. . . SPRECHCHOR: „Sie hat ihr Gold in der Kehle verloren, jetzt krächzt sie wie ein Rabe."

Das hörte auch der Müllerbursche, als er im Wirtshaus saß und Knödel mit Sauerbraten aß. Obwohl dies seine Leibspeise war, ließ er sie stehen und ritt im Galopp auf seinem Esel in das Königreich zurück, um die Prinzessin zu trösten.

A32 . . .

. . . siehe Motiv-Musik „Galopp"

In der Mittagshitze kam er vor das Schloß, und da sein Esel sehr durstig war, schöpfte der Müller mit einem Eimer Wasser vom Brunnengrund. Kaum hatte der Esel von dem Wasser getrunken, da verdrehte er auch schon die Augen, öffnete das Maul und begann zu singen, seine Ohren und sein Schwanz schlugen den Takt dazu. –

A33 . . .

. . . SING- und SPIELGRUPPE:

Da kam die Prinzessin herbeigeeilt und hinter ihr der König. Die Prinzessin rief:

PRINZESSIN: „Der Esel hat meine Stimme, er muß sie mir wiedergeben."

Der Müllerbursche schüttelte den Kopf: –

A34 . . .

. . . MÜLLERBURSCHE: „Eben hat er noch Ijah geschrien, das geht nicht mit rechten Dingen zu."

Aber die Prinzessin schluchzte nur: –

A35 . . .

. . . PRINZESSIN: „Er hat mein Gold in der Kehle, ich will es wiederhaben."

„Siehst du", sagte der König, „selbst Esel können manchmal singen. Das hättest du dir vorher überlegen sollen." Der Müllerbursche hatte Mitleid mit ihr und sagte:

A36 . . .

. . . MÜLLERBURSCHE: „Prinzessin, ich will alles tun, um Euch das Gold wieder zu verschaffen, doch zuvor erbitte ich mir eines: Wenn es mir gelingt, dann laßt mich noch einmal mit Euch singen."

Da nickte die Prinzessin mit dem Kopf.

„Laßt Euren Leibarzt kommen“, sagte der Müllerbursche,
und dann mußte der Leibarzt dem Esel mit der Laterne in das Maul hineinleuchten. –

A37 . . . . . . = A29 bis: . . . *in seiner Kehle.*

Sogleich schlug er die Hände vor die Augen. „Es blendet mich. –

A38 . . . . . . BECKENSCHLAG (⊥)

Das *Gold* –

A39 . . . . . . CLUSTER auf GLOCKENSPIELE

ist *in seiner Kehle.* Herr König, Ihr müßt den Esel dreimal kräftig an den Ohren ziehen und „Bricklebritt“ rufen. Dann kommt das Gold wieder heraus.“
Der König tat, was ihm sein Leibarzt riet, –

A40 . . . . . . KÖNIG: dreimal: „Bricklebritt“

und „Plitsch-Platsch!“ lag das Gold im Gras. –

A41 . . . . . . CLUSTER auf GLOCKENSPIELE

Die Prinzessin spülte es zweimal im Brunnenwasser ab, und dann schluckte sie es wieder hinunter. Am Abend, Schlag sieben Uhr, trat die Prinzessin wieder an das Turmfenster und sang. Aber sie sang nicht allein, neben ihr stand der Müllerbursche und sang mit ihr.

A42 . . .

. . . Duett: PRINZESSIN – MÜLLERBURSCHE

Das gefiel der Prinzessin so gut, daß der Müllerbursche bleiben mußte, und es dauerte nicht lange, bis sie ihre Hochzeit feierten.

A43 . . .

. . . = Motiv-Musik „Hochzeitsmarsch“

Text: Karl-Heinz Gies, aus: Die schönsten Gute-Nacht-Geschichten, neue Folge: Die Katze mit der Brille. Hrsg. von Jella Lepman, gesammelt von Hansjörg Schmitthenner, Europa Verlag Zürich.

Motiv-Musiken

für die Musikalisierung verschiedenster Themen und Situationen

Musikalisches Material für Spielszenen

Vorbemerkung: Die Verweise (→) auf Instrumente beziehen sich auf die entsprechenden Seiten des Instrumentariums im 1. Teil dieses Buches. Manchmal wird näher auf einen bestimmten Abschnitt innerhalb der Beschreibung eines Instruments verwiesen, z. B.: HÄNGENDES BECKEN (d) = S. 10, Abschnitt d.

Abenddämmerung:

auf METALLOPHON langsam und zart

dazu
HÄNGENDES BECKEN (d)

Abschied:

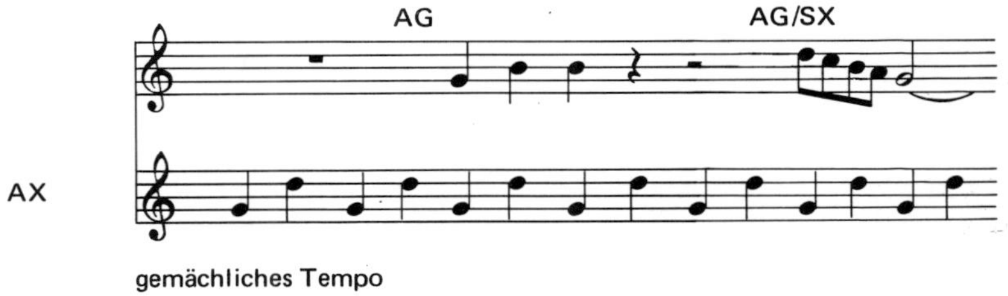

Afrika:

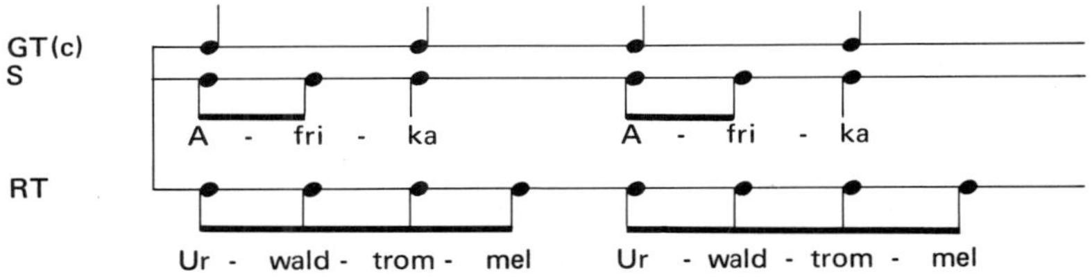

Ägypten:

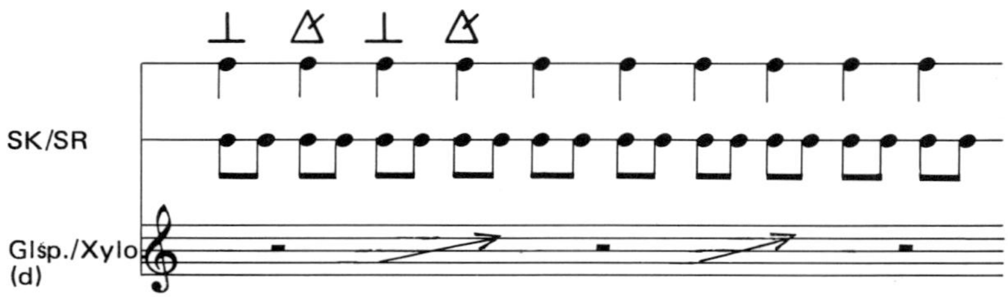

Ameisen: → Fingertremolo auf RT (d)

Angst: 1. arhythmische Aktionen mit KR, z. B.:

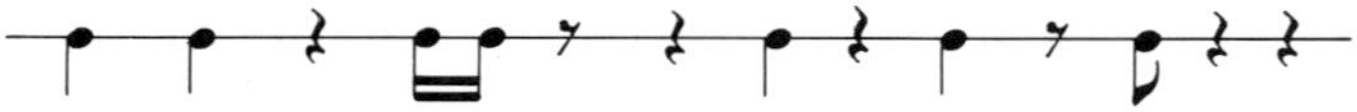

2. T
AX

leise und zurückhaltend

Armut:

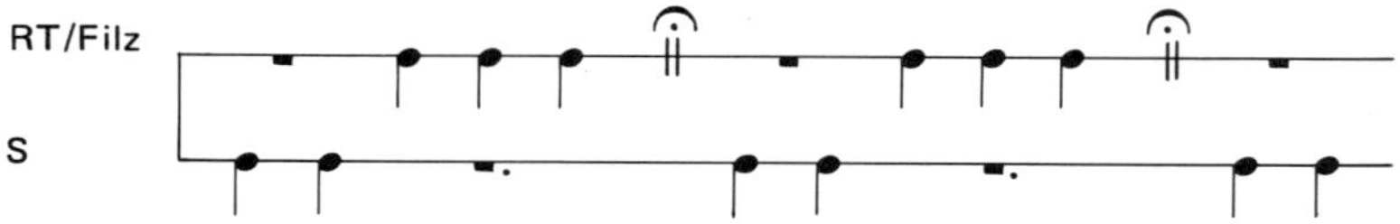

Asien:

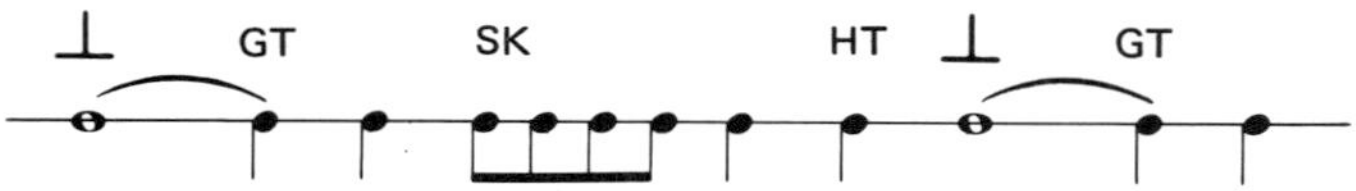

langsames, fließendes Tempo

Auto: → RAHMENTROMMEL/Rollflächen (g)

Bagdad:

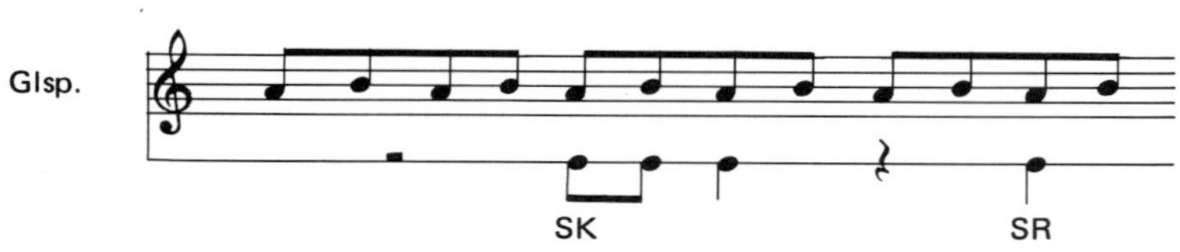

Ball(-spiel): → mit Filzschlägel federnde Schläge auf RT

Baum: → rhythmische Aktionen mit SCHLAGSTÄBEN gespielt

Bethlehem:

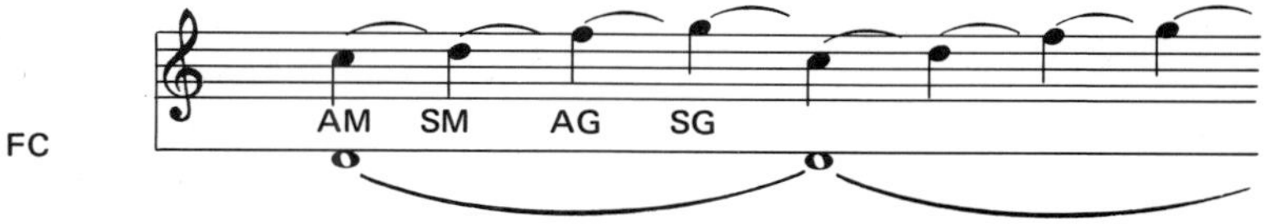

Biene: → HÄNGENDES BECKEN (e)

Bimmelbahn:

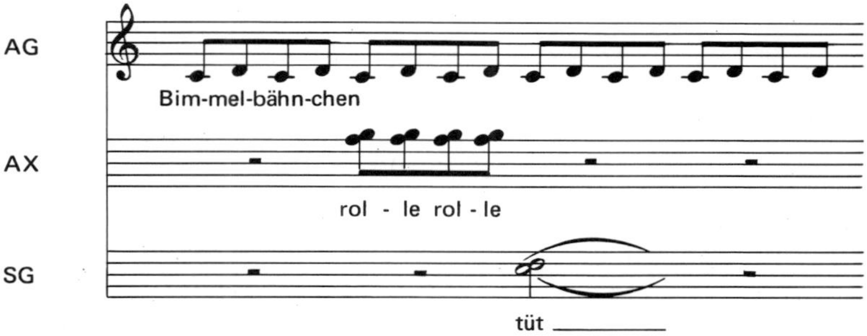

Blätterrauschen: → SCHELLENRASSEL (3)

Blitz: → CYMBEL (d)

Blumen: im *langsamen* Tempo zarte Töne auf GLOCKENSPIEL und METALLOPHON

böse:

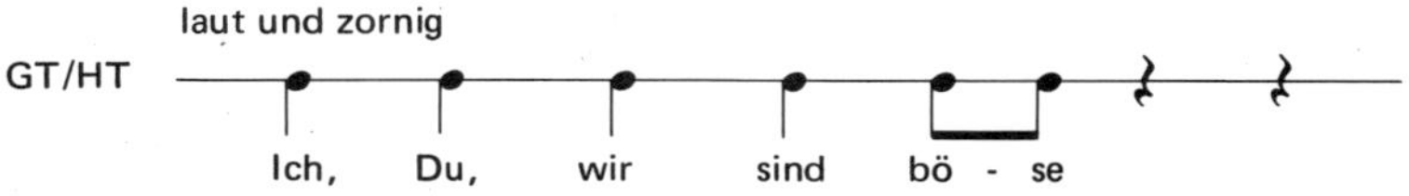

Brummbär: → KUGELRASSEL (4) und GROSSE TROMMEL

Brunnen: → BECKENTREMOLO (= B/h) – dazu langsame Einzelaktionen auf METALLOPHON

Butzemann:

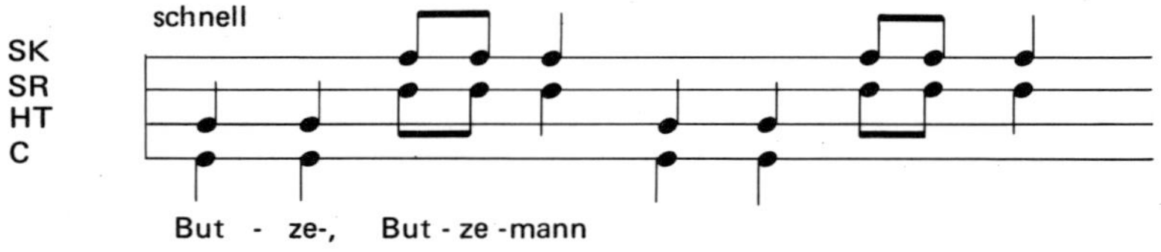

Ceylon:

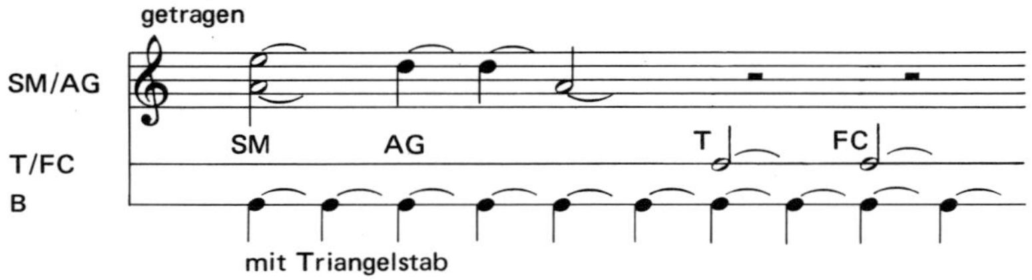

Donner: → Aktionen auf GT

Dschungel: → *Wischflächen* auf GT (g) und kurzzeitiges *Wischglissando* auf XYLOPHON (e) sowie *Cluster* (f) und *Glissandi* (d) auf GLOKKENSPIEL
dazu kurze und sich intervallisch ablösende Einzelaktionen auf allen verfügbaren Instrumenten

Dunkelheit: *Handtremolo* auf BECKEN (h), dazu auf ALTXYLOPHON und ALTMETALLOPHON:

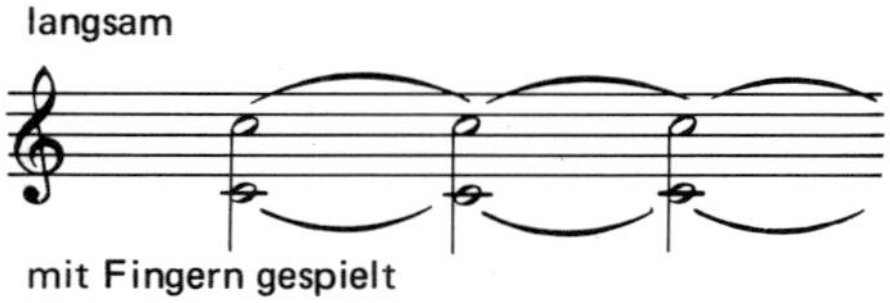

Eisbär: KUGELRASSEL (4), dazu im gleichen Rhythmus SCHELLENKRANZ

Eisenbahn: BLOCKRASSEL (1) und GROSSE TROMMEL (oder anderes Fellinstrument) mit *Besen* im Rhythmus schaben (GT/d)

Elefant:

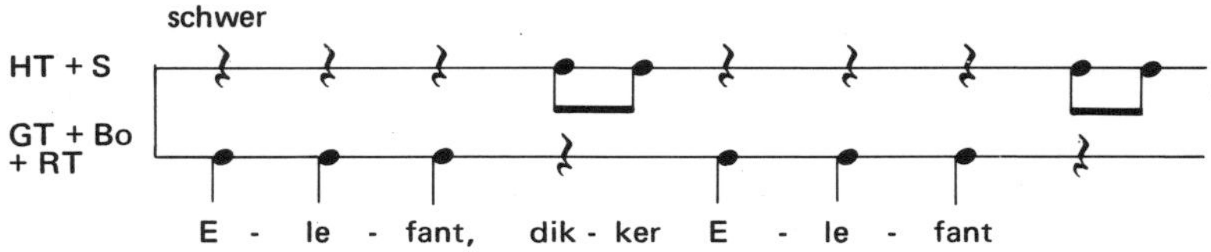

Elfenreigen:

Eselskarre:

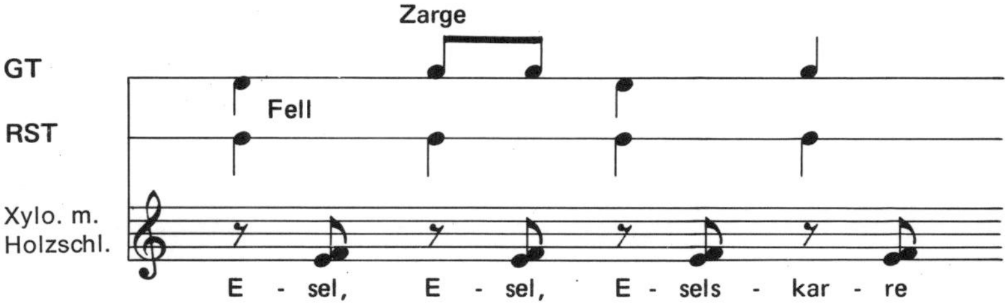

Feuer:

BECKENTREMOLO (h) mit *Crescendo* =

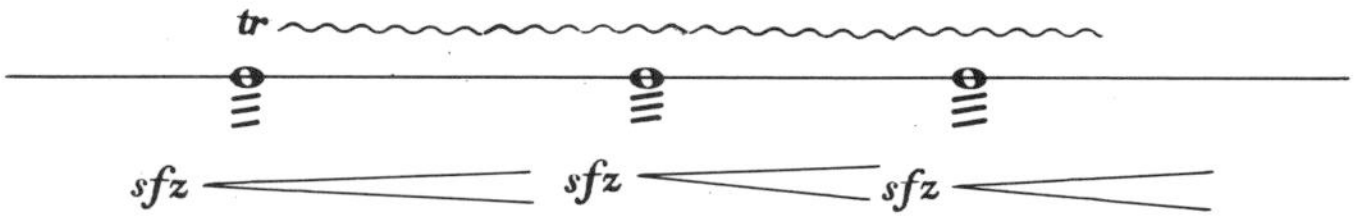

Fluch:

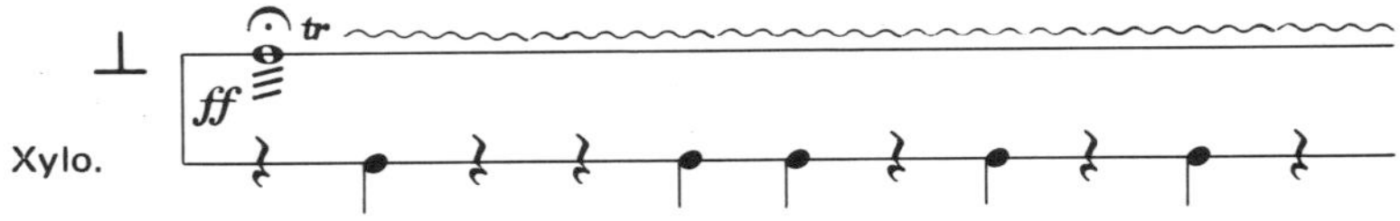

Cluster (= X/f)

Flugzeug: → BECKEN (b) oder BECKEN (e)

Frühling: → Blumen

Galopp:

Sehr schnelle, rhythmische *Glissandi:*

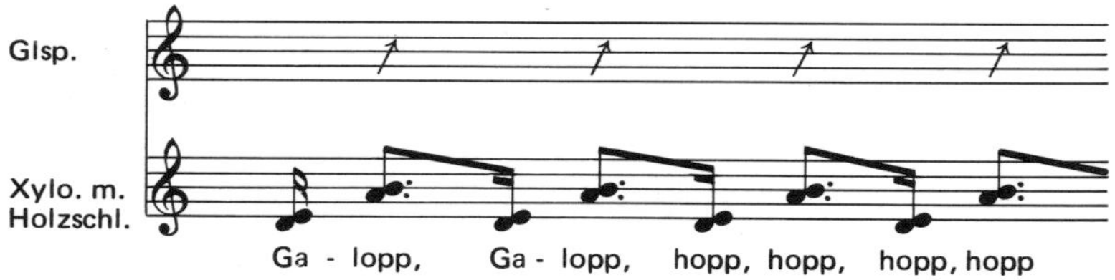

geheimnisvoll:

langsames *Glissando:*

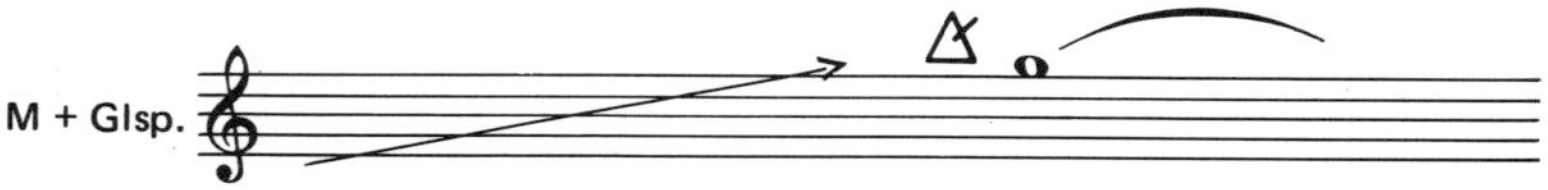

gehen:

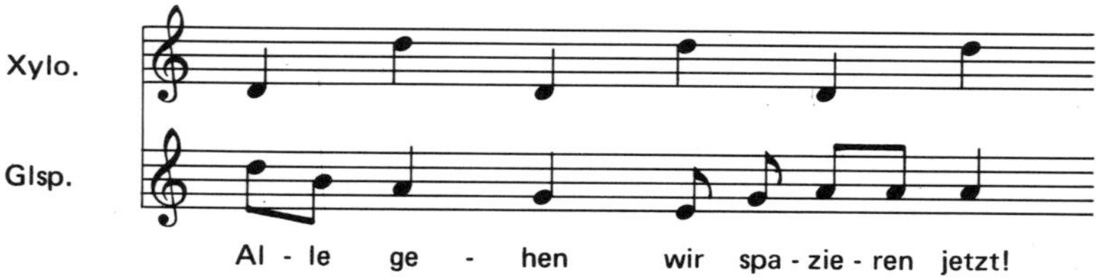

Gespenster:

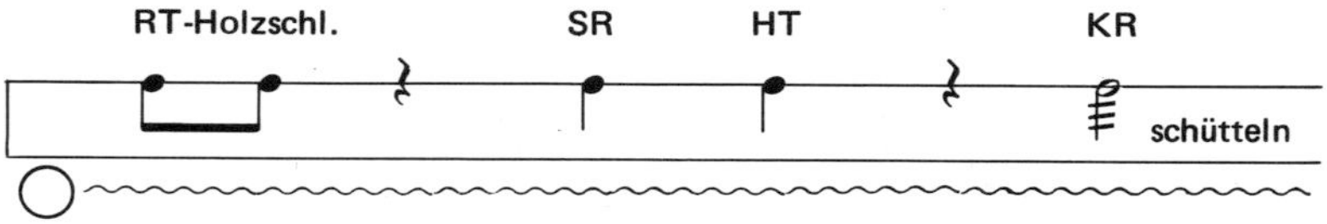

GROSSE TROMMEL – Wischflächen (i)

Gewitter: Blitz- und Donneraktionen mit CYMBELN (d) und GROSSE TROMMEL

Glanz:

1. *Cluster* auf GLOCKENSPIEL (X/f)

2.

Herbst:

METALLOPHONE völlig frei – quasi arhythmisch

Hexenhaus: ein *Klangband* auf XYLOPHON (als Fingertremolo) – dazu in freier Metrik (ohne Taktgebundenheit):

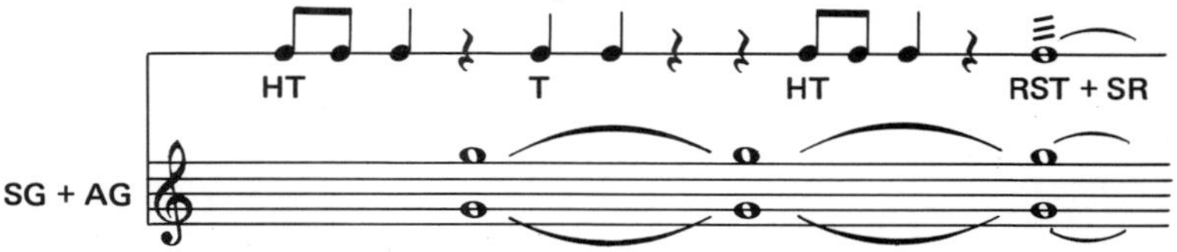

Hexenjagd: schnell und hart (alles mit Holzschlägel)

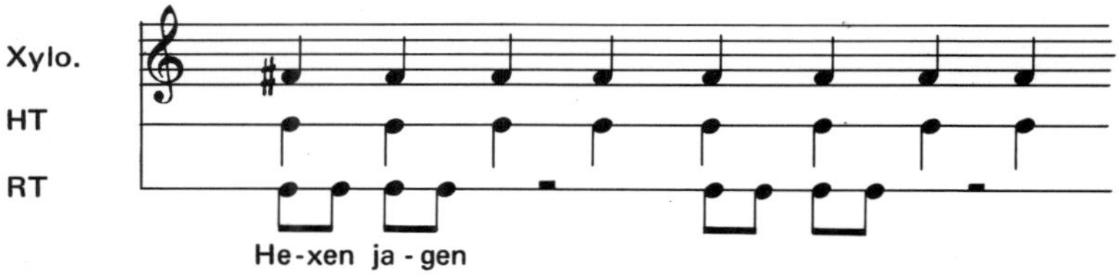

Hexentanz:

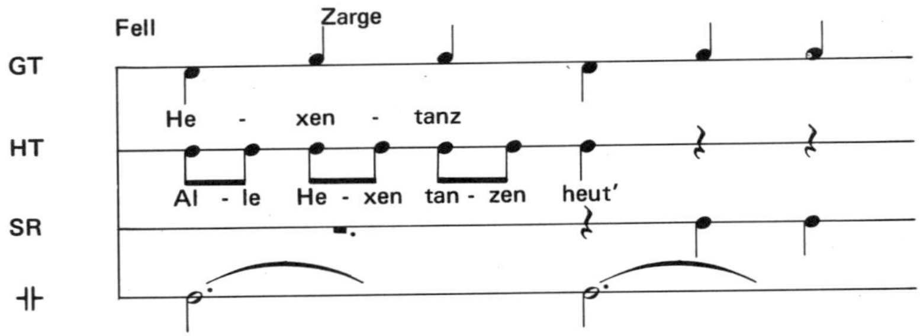

Hilfe:

Himmel:

→ *Wischklänge* auf METALLOPHON (X/i) – dazu einzelne, leise und unregelmäßig gegebene TRIANGELSCHLÄGE und GLOCKENSPIELTÖNE

Hitze:

Reibklänge (X/h)

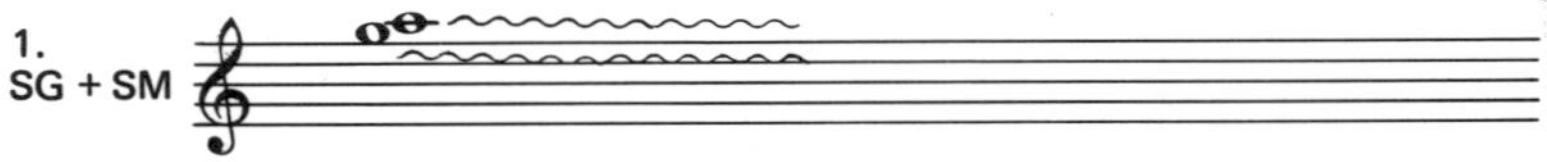

2. Klangband auf B (e) – dazu:

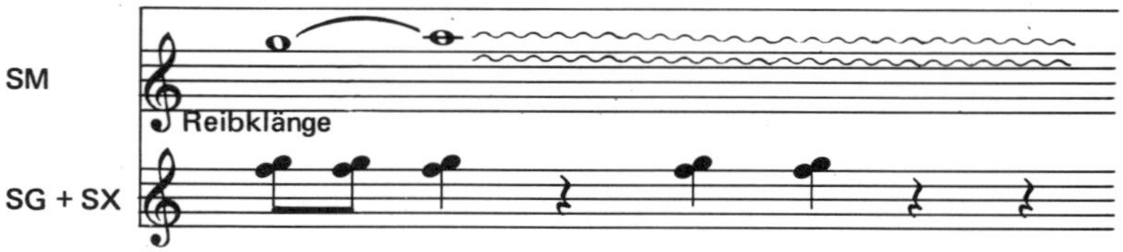

Hochzeitsmarsch:

Hund: → 3×3 an einem Tag, S. 38

Hühnerschlag: → schnelle *Klopfaktionen* mit *Fingernägeln* oder *Fingerhüten* auf HOLZBLOCKTROMMELN

hüpfen:

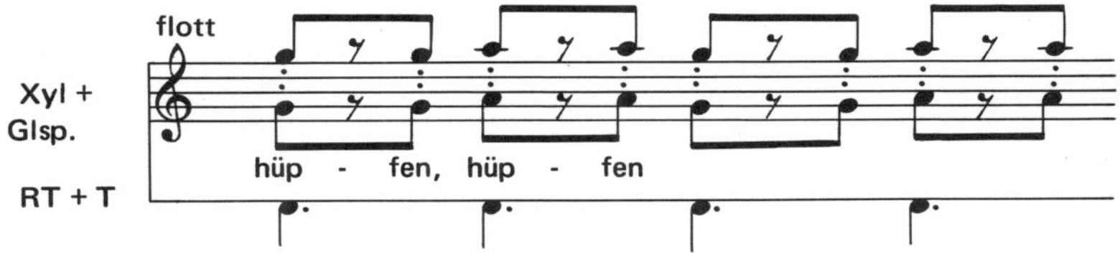

Indianer:

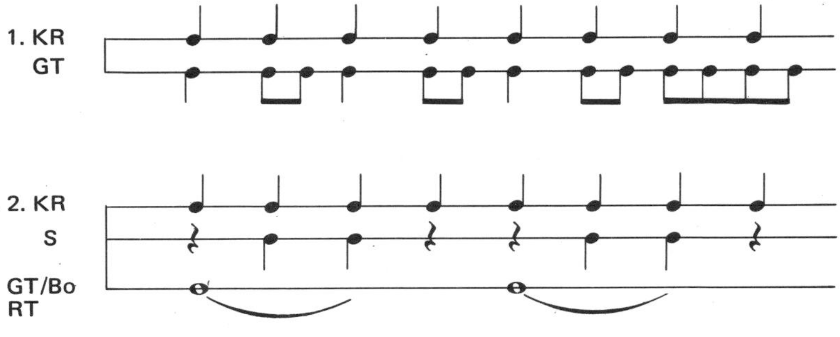

Indien:

Kälte:

Kamel: → Karawane

Kampf: → CYMBELN (d) oder (e) –
dazu auf RT:

Karawane:

Kasperle:

Katze: → 3×3 an einem Tag, S. 36

Krokodil: → Elefant

laufen:

Leid:

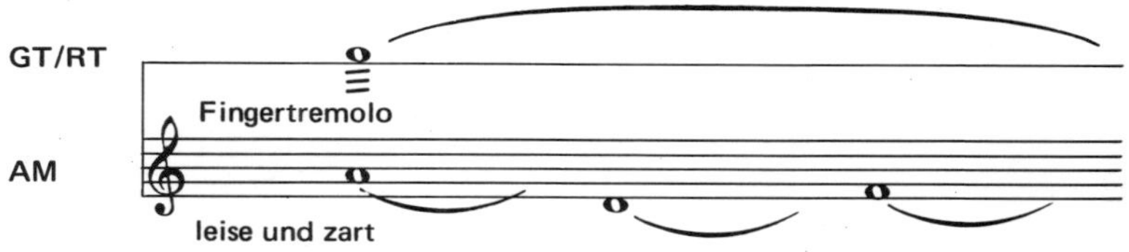

Löwe: → Der Löwe und die Ratte, S. 46

Mond –:

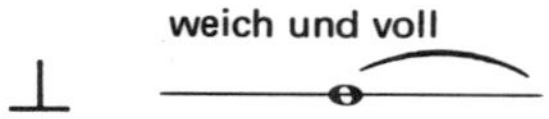

-aufgang: → ALTMETALLOPHON – langsames Glissando aufwärts

-untergang: → AM – langsames Glissando abwärts

Morgenland:

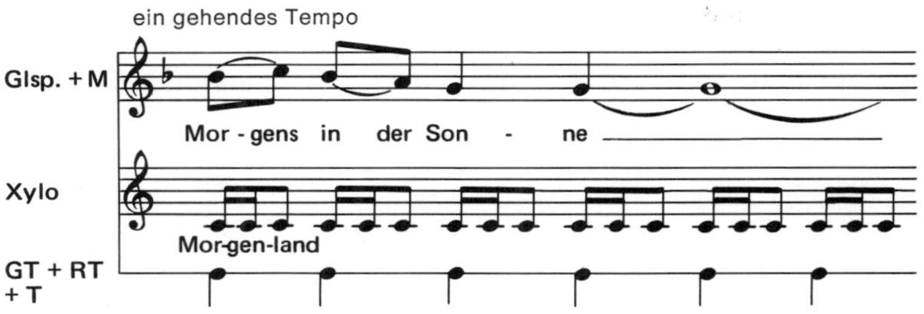

Mückentanz: → im freien Rhythmus –
auf *allen* STABSPIELEN mit *Stricknadeln*

Mühle:

Nacht:

= auf beiden Instrumenten als *Fingertremolo* ausgeführt

Narrentanz: → Kasperle

Not: → Leid

Ochsenkarre: → Eselskarre

Patsch, pitsche-patsche: → CYMBELN (d)

Peitsche: → 1. zwei XYLOPHONSTÄBE gegeneinander (m)
2. CYMBELN (d)

Pferdegetrappel:

Pferdewagen: → Eselskarre

Rauhreif: → HÄNGENDES BECKEN (b)

Regen: → 1. *Fingertremolo* auf FELLINSTRUMENTE
2. HÄNGENDES BECKEN (d/e)

Regentropfen: → 1. RAHMENTROMMEL – Einzelschläge
2. ALTXYLOPHON – Einzelschläge

Reitersmann:

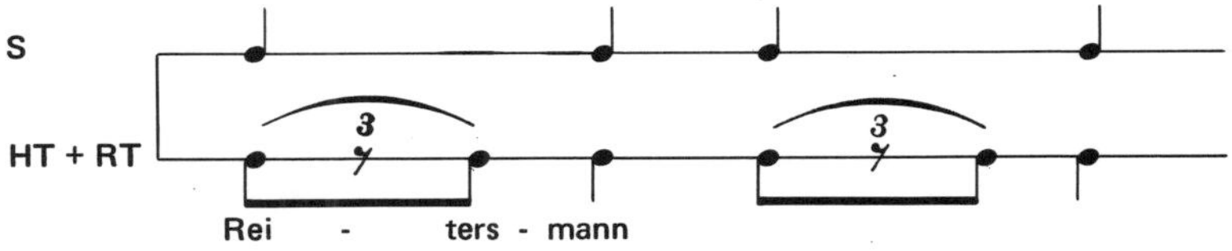

Schlittenfahrt:

Schnee: → zarte TRIANGEL-Aktionen (1)

schweben:

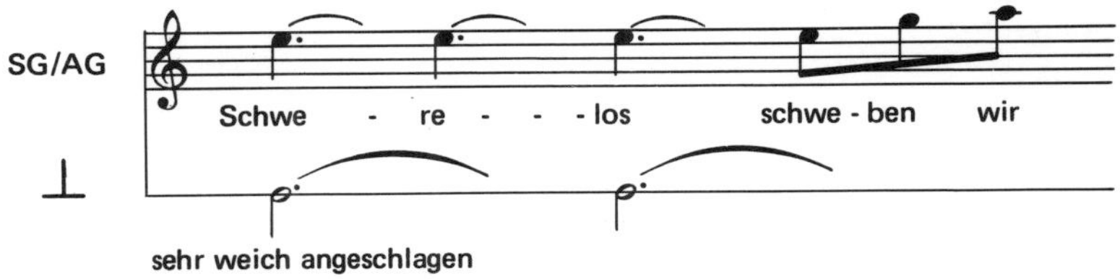

Sonne (-n): → HÄNGENDES BECKEN (a)

-aufgang: → GLOCKENSPIEL – Glissando aufwärts
-untergang: → GLOCKENSPIEL – Glissando abwärts

Sonnenstrahl: → HÄNGENDES BECKEN (c)

Spieluhr:

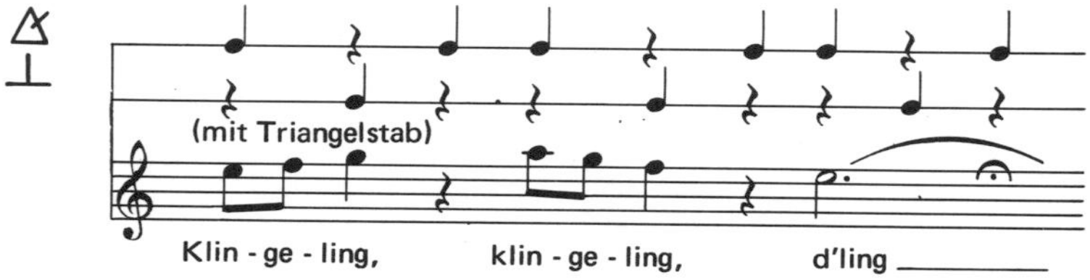

Spinnrad: → Mühle – das XYLOPHON jedoch mit Filzschlägel gespielt

Stampfschritt:

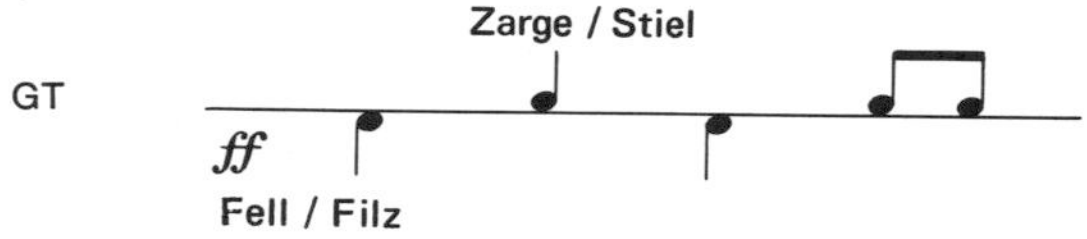

Sterne: → freies, zartes Spiel auf TRIANGEL und GLOCKENSPIEL

Sturm: → entsprechende dynamische Aktionen (intervallisch) auf GT / RT und HB

Teufelstanz: → Der böse Geist von Taprobana, S. 61

Tränen: → TRIANGEL (2/3)

Traum: → *Wischklänge* auf METALLOPHON und XYLOPHON (i) – dazu zarte, leise Einzelschläge auf GLOCKENSPIEL

traurig:

Turmuhr:

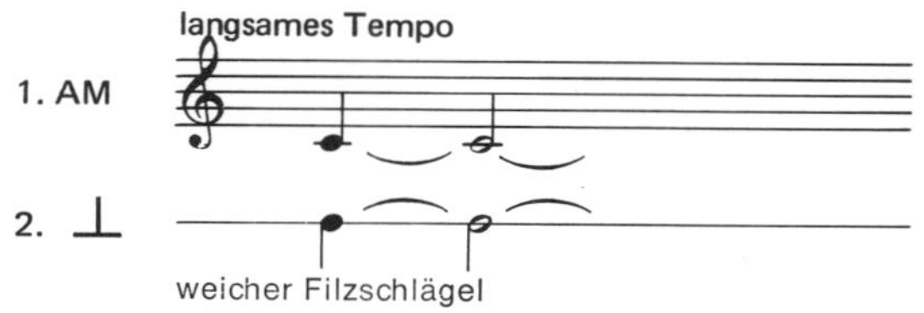

Uhren(-spiel):

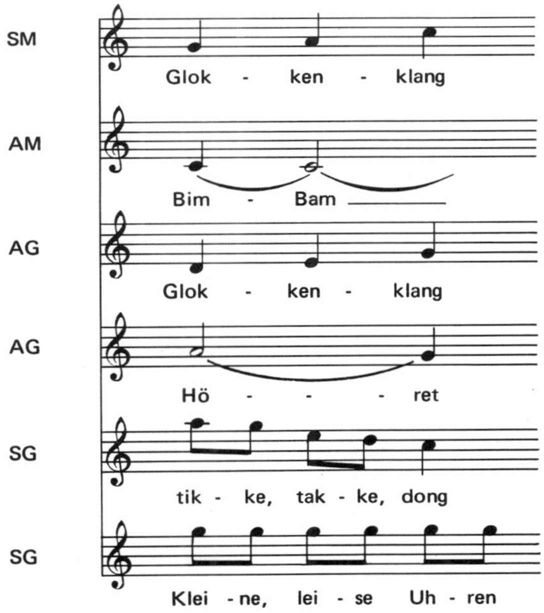

Unrast: → *Fingertremolo* auf RT oder HT

Urwald: → Afrika

verträumt:

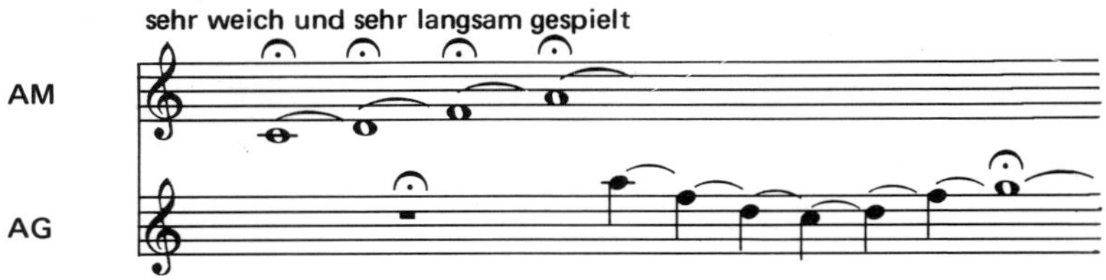

Wasser-: → 1. HÄNGENDES BECKEN (b/d/e/h)
2. METALLOPHON (d/e/h/i/j/k)

-tropfen: → 1. *Stoppschläge* auf METALLOPHON (X/b/c)
2. *Einzeltöne* (weich) auf XYLOPHON

Wind: → 1. METALLOPHON oder XYLOPHON (d/e/h/i)
2. HÄNGENDES BECKEN (h)
3. GROSSE TROMMEL (i)

Wolf: → 1. RT mit Filzschlägel (schrittmäßig)
2. GROSSE TROMMEL (d)

Zwerge:

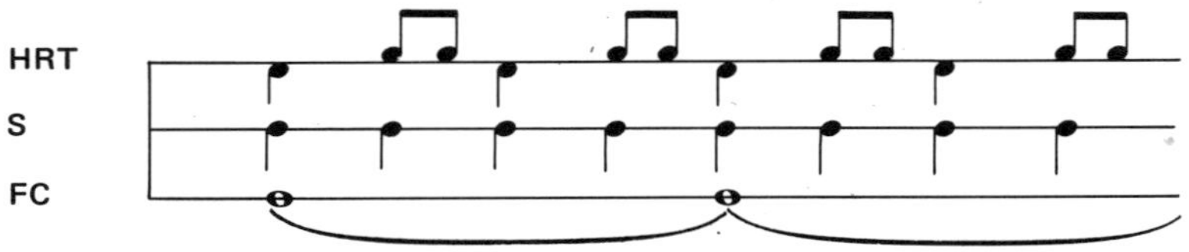